예술과 삶

마이너리티
리포트★05

예술과 삶

이동연 지음

서울연구원
The Seoul Institute

차례

프롤로그

마이너리티 아티스트란 누구인가

예술가들은 가난한가? 사람들은 대부분 그렇지 않다고 생각할 것이다. 한국에서 예술을 전공하려면 집안의 경제 사정이 어느 정도 뒷받침되어야 한다고 생각하기 때문이다. 어려서부터 예술을 전공해서 대학까지 가려면 많은 레슨비가 필요하고, 그 비용을 부담하려면 적어도 중산층은 되어야 한다. 대다수 예술가는 부모에게 든든한 경제자본을 물려받아 어렵지 않게 생활할 거라고 가정하는 것이 일반적이다. 그러나 실제로 예술가 중에는 가난한 사람도 많다. 예술을 전공할 때에는 가난하지 않았지만, 나중에 부모님이 돌아가시거나 사업에 실패하거나 직장을 조기에 퇴직하거나 해서 가세가 기울어진 사례도 많다. 아예 처음부터 집안이 가난한 예술가도 많다.

예술가에 대한 또 다른 편견 중의 하나는 예술가는 자신이 좋아서 예술을 하기 때문에 가난한 것에 큰 불만이 없다는 생각이다. 실제로 내가 가르치는 한국예술종합학교에 입학한 학생 중에는 연기자나 영화감독이 되고 싶어서 장래가 보장된 일자리를 버리고 오로지 자기 삶의 행복을 위해 예술을 선택한 경우도 많다. 이런 사람들을 두고, 가난해도 예술가 되기를 자처했으니 가난한 예술가의 삶에 불평할 일은 아니라고들 생각한다. 그런데 이런 생각이 예술가의 가난한 상황을 정당화시켜 주는 명분이 된다면, 그것은 예술가와 예술가의 환경을 제대로 보지 못하는 잘못된 생각이다. 네덜란드의 미술 비평가이자 작가인 한스 애빙(Hans Abbing) 교수는 『예술가는 왜 가난해야 할까』라는 책에서 '예술가는 가난해도 좋다'는 생각은 실제로 예술가를 착취하기 위한 논리라고 말한다. 예술가는 부자도 아니지만 그렇다고 가난한 게 당연한 것도 아니다. 예술가는 우리 사회에서 사람들을 행복하게 해주는 역할을 부여받았다. 하지만 그들의 삶의 환경과 창작의 조건은 그렇게 넉넉하지 않다.

많은 예술가가 우리 사회에서 주류가 아닌 비주류 즉 마이너리티의 삶을 산다. 여기서 마이너리티란 말은 반드시 가난하고 힘없고 불쌍한 존재라는 의미가 아니다. 예술은 정치, 사회, 경제와 비교할 때 상대적으로 비중 있게 다루어지지 않는 것이 일반적이다. 먹고사는 문제가 우선이고, 정치는 그다음이고, 복지는 필수불가결하며, 예술은 그다음이라는 생각이 지배적이다. 반대로 예술가들 자신도 평범하게 대접받거나 이해되는 것을 좋아하지 않는다. 예술이 정치나 경제보다 중요하게 간주되지 않는 탓도 있겠지만, 예술가의 삶이 일반 사람의 삶처럼 평범하지 않은 탓도 있다. 예술은 정치와 경제의 이슈들이 해결되고 난 후에 천천히 생각하고 감상해도 늦지 않다는 게 일반적인 생각인 듯하다. 예술은 그래서 정치와 경제보다 중요하지 않은 대상으로 인식되거나, 심지어는 정치 수단, 경제 효과로 간주된다.

사실 예술이 정치와 경제로부터 완전하게 독립하는 것은 불가능하다. 예술은 정치와 사회에서 벗어나 그 자체로 순수하게 독립적인 대상이 될 수 없다. 예술은 때로 정치적인 것을 표현하고 정치적인 것을 재현할 역사적 소명이 있다. 예술이 시장과 자본에서 완전하게 독립하는 것도 사실상 불가능하다. 지금 예술이 창작의 위기를 맞았다고 하지만, 그 위기의 이면을 들여다보면, 문화산업의 독점화에 따른 순수예술의 위기가 그 본질이다.

예술가들이 19세기 자본주의 근대사회에 접어들어서야 비로소 귀족 후원제에서 독립할 수 있었던 것도 따지고 보면, 예술을 위한 예술만 해도 먹고살 수 있을 정도로 예술이 시장의 기능을 획득했기 때문이다. 귀족들에 전속되어 그들의 후원금으로 먹고살았던 예술가들은 인쇄술 발전과 도시 성장에 따른 상업 시장 활성화 덕분에 자신의 예술 작품을 팔아서 생활할 수 있게 되었다. 19세기 유미주의의 슬로건인 '예술을 위한 예술'은 예술 작품을 판매하는 것만으로 예술가들이 귀족들로부터 독립하여 생활할 수 있었기 때문에 가능한 일이었다.

예술이 근대에서 탈근대로 이행하면서 위기를 맞게 되었다는 지적도 예술의 정체성에 큰 변화가 생겨나고 예술 창작 방식에 큰 혁신이 일어난 것에 원인이 있다. 하지만 그렇다고 시장에서 예술의 생존과 예술가 삶의 궁핍이란 현실을 외면할 수 없다. 예술의 위기 국면에서 자연스럽게 시장이 선호하는 예술과 그렇지 않은 예술이 구별되고, 대중이 열광하는 예술가와 그렇지 않은 예술가가 차별화된다. 예술가들이 시장에 의해, 대중에 의해 선택을 받거나 외면을 받아 서로 대립하고 분화하면서 다양한 예술의 장이 형성된다. 대중이 좋아하는 예술, 시장이 선호하는 예술에 따라 예술은 주류 예술과 비주류 예술로 구별된다. 또 국가와 지방자치단체로부터 지원받는 예술가와 그렇지 못한 예술가의 구분이 생겨나면서 예술의 공공성을 둘러싸고 논쟁이 벌어지기도 했다.

예술이 시장과 자본, 그리고 공공성에 따라 구별되고 차이가 발생하면서 자연스럽게 주류와 비주류의 장이 형성되지만, 다른 한편으로는 예술, 혹은 예술가들이 자발적으로 다양성과 주변부성을 선언하는 경우도 있다. 말하자면 특정한 예술가는 스스로 자본과 시장과 거리를 두고 자신만의 고유한 창작 활동을 하려는 의지를 강하게 표명하는 것이다. 이들은 공공지원에 큰 미련을 두지 않고, 자발적으로 예술가의 삶을 살고자 한다. 공공프로젝트와 공공지원을 완전히 외면하지 않더라도 공공지원이 자신의 창작 활동과 창작물의 정체성을 흔드는 경우가 있을 때는 지원보다는 독립을 먼저 생각한다. 또 예술이 동시대의 아픔과 고통을 함께할 수 있도록 사회 사건과 재난 현장에서 적극 행동하는 것을 시장에 파는 창작물을 생산하는 것보다 중요하게 생각한다.

이렇게 예술가가 자신의 계급적, 세대적, 성적, 성차(Gender difference)적, 지리적 정체성을 스스로 결정하고 선택하며 사는 경우, 그들을 마이너리티 아티스트라고 부를 수 있지 않을까. 한국 사회에서 마이너리티 아티스트는 예술의 위기, 예술 시장의 혼란, 사회적 가치의 변화, 사회적 양극화, 정치적 대립, 그리고 사회적 재난의 확대와 관련한 이슈들을 자신의 삶과 창작 활동에 반영한다. 마이너리티 아티스트는 스스로 소수자로서 살겠다는 의지가 강하며, 동시에 예술 시장과 사회에서 소수자로 내몰리는 구조적인 조건에 영향을 받는다. 마이너리티 아티스트는 그런 점에서 자발적이면서도 외부 상황에 의해 어떨 수 없이 소수자로 낙인찍히는 구별 짓기의 운명을 가지고 있다. 그렇다면 마이너리티 아티스트를 어떻게 구체적으로 정의할 수 있을까?

첫째, 마이너리티 아티스트는 자발적이고 자생적인 정체성을 가진다. 주류에서 인정받지 못하고, 창작 활동으로 큰돈을 벌지는 못하지만, 그렇다고 그를 예술의 장에서 비주류로 밀려난 불쌍한 타자로 보아서는 안 된다. 그는 예술의 장과 경제의 장에서 타자이기는 하되, 자발적으로 소수자가 되고자 한다는 점에서 자율적이다. 주류 예술의 장에서 보면 분명 비주류로 밀려나고 경제의 장에서도 큰 힘을 발휘하기 어려운 예술가일 수 있다. 그러나 타자로서 마이너리티 아티스트는 주류 예술의 장에 의해 그렇게 구별된 것에 불과하다. 그는 타자라기보다는 말 그대로 소수자로서의 자기 생성의 힘을 더 믿는 자이다. 소수자로서의 예술가는 사회적으로 배제되고 억압된 자이지만, 그런 부정적인 정체성으로 자신을 정의하려 들지 않는다. 그는 오히려 그런 사회적 배제의 논리를 극복하기 위해 노력하지만, 배제를 해소하기 위해 자신의 모든 예술 활동을 헌신하지는 않는다. 소수자로서 예술가는 차별과 배제를 해소하고 주류 예술가로서 나서기보다는 오히려 자신의 소수자적 정체성을 유지하고, 그 안에서 다른 소수자들과 연대하고 활동하기를 원한다. 소수자로서 예술가의 세계에는 주류와 비주류, 중심과 주변이라는 대립적 구도가 존재하지 않는다. 그는 단지 자신의 소수자적 정체성을 유지하기 원하며, 그것이 주류 예술의 장으로 확장되기를 희망하기보다는 그 안에서 새로운 힘과 활력을 갖기 원한다.

둘째, 마이너리티 아티스트는 자유의지를 가진 소수집단의 연대를 지향한다. 마이너리티 아티스트는 예술-삶의 현장에서 결코 개인으로 남지 않는다. 특별한 예술 취향과 가치관을 가진 예술가는 개성이 너무 강해 혼자 활동하는 것처럼 보이지만, 실제로는 비슷한 취향과 삶의 가치관을 가진 예술가들이 소수집단을 형성하는 경우가 많다. 그들은 주류집단을 만들기 위해 모이는 것이 아니라 자신들의 부족한 역량을 서로 보완하고, 예술의 가치를 서로 소통하고 공유하기 위해 모인다. 예컨대 청년 예술가들의 현재 문제를 함께 고민하는 '청년예술가네트워크'*, 마을의 예술 공동체를 실천하는 '공유성북원탁회의', 도시재생 둥지내몰림(젠트리피케이션)의 주범인 부동산 자본의 예술 포획을 막기 위한 '경의선 공유지 모임', 재난 현장에서 사진으로 아픔을 함께 나누는 '최소한의 변화를 위한 모임' 등은 소수집단의 예술가들이다. 이들에게 소수집단은 주류집단에서 배제된 자들을 의미하지 않는다. 그들은 애초부터 주류집단을 생각하지 않고 자신들의 자발적인 활동을 위한 언어, 가치, 행동을 공유한다. 마이너리티 아티스트들은 개인의 자발적 연합으로 소수집단을 이룬다. 그래서 소수집단으로서 마이너리티 아티스트는 소수자로 낙인찍힌 자들이 아니라, 스스로 '소수자 되기(becoming minority)'를 실천하는 사람들이다.

셋째, 마이너리티 아티스트는 예술-노동의 사회적 가치를 중시한다. 통상적으로 예술가에게 예술노동은 두 가지 의미를 가

* 청년예술가네트워크: 지난 2016년 4월, 고(故) 최고은 작가가 생활고에 시달리다 세상을 떠난 지 5주기를 앞두고 청년 예술가들이 모여 청년예술가네트워크를 발족하였다. 청년예술가네트워크는 창작, 일, 생활 영역에서 종합적인 지원 정책 요구, 새로운 예술을 위한 삶과 사회의 고찰을 위한 연구, 창작자와 기획자가 연결되는 플랫폼과 세상을 향한 시선을 담은 프로젝트 마련 등을 함께 논의하며 새로운 변화의 미래를 열어 가기 위해 노력하고 있다. 청년예술가네트워크는 '청년 예술가 인사이트', '청년 예술가 상담 지원' 등의 활동을 펼칠 예정이다.

진다. 첫째는 창작 활동에 필요한 노동으로 주로 그림을 그리거나 시를 쓰거나 음악을 만들고 부를 때 들어가는 노동이다. 다른 하나는 그러한 창작 활동을 하기 위해 필요한 별도의 노동, 즉 예술 활동을 직접 하지 않고 돈을 벌거나 일상생활을 영위하는 일체의 노동이다. 예술노동은 주로 전자에 해당하지만 후자도 예술노동을 위한 중요한 조건이 된다. 예술노동을 복지의 문제로 간주할 경우 예술인의 사회보장 요구는 필수적이다. 그러나 예술노동을 순수하게 작품을 만드는 창작 활동과 그 활동을 위한 임금과 일상노동으로 보지 않고 제3의 영역으로 보는 관점이 있다. 바로 사회적 가치로서의 예술노동이다. 즉 예술가가 자신의 예술노동을 사회적 이슈들에 참여하고 그것을 해결하는 데 많은 시간을 투여할 때, 이를 예술행동이라고 말한다. 예술행동으로서 예술노동은 사회의 재난 현장에서 활동하는 것을 말한다. 사회적 재난은 여기저기서 발생한다. 국가에 의해, 자본에 의해, 권력에 의해, 군사적 힘에 의해 생겨난 재난이다. 용산 미군기지 평택 대추리 이전, 용산참사, 쌍용자동차 노동자 구조조정 사태, 콜트-콜텍 기타 노동자 해고 사태, 세월호 참사, 밀양 송전탑과 강정마을 해군기지 설치 사태, 문화예술계 블랙리스트에 저항한 광화문 예술인 캠핑촌 등 우리 사회 곳곳에서 발생하는 사회적 재난들은 예술가들로 하여금 재난 현장에 뛰어들게 한다. 마이너리티 아티스트는 자신의 작업실에서 나와 재난 현장에서 예술행동으로 고통받는 사람들과 함께하고자 한다.

마지막으로 마이너리티 아티스트는 '예술-삶'의 현장에서 어려운 환경에 처해 있다. 자신이 하고 싶은 예술, 사회적 약자에게 달려가는 활동을 하다 보니, 이들의 일상적 삶은 궁핍할 수밖에 없다. 많은 예술가가 최소한의 생계비를 벌며 활동하고 있고, 최소한의 생계비를 벌기 위해 필요한 예술노동을 할 뿐, 나머지 시간은 자신이 원하는 창작 활동이나 사회적 재난 현장에 참여하는 예술행동에 투여한다. 돈을 벌기 위한 과도한 예술노동보다는 자신이 가장 하고 싶은 일에 몰두하고, 그런 가치를 공유하는 예술가 집단 안에서 활동한다. 그들에게 '예술-삶'은 창작-노동으로 분리된 것이 아니라 '창작-행동'으로 통합되어 있다. 비록 예술행동의 현장에 있다 보니, 넉넉하게 생활할 수는 없지만, 적어도 돈을 벌기 위한 활동과 창작하기 위한 활동이 분리되어 있거나 전자가 후자를 압도하는 방식으로 살지는 않는다. 마이너리티 아티스트에게 '예술-삶'의 현장은 언제나 이미 예술의 소외와 분리를 극복하려는 노력의 과정이다.

2016년에 이 책을 기획하고 인터뷰를 진행한 후에 진작에 출간했어야 하는데, 여러 사정으로 차일피일 미루다 마침내 책을 마무리하게 되었다. 그러나 다른 한편으로는 출간이 지연되면서 그 사이에 진행되었던 일들을 보완하는 과정에서 논의가 좀 더 풍부해지고 여기에 담긴 이야기들을 다시 성찰하는 숙성의 시간을 가진 것은 다행이라고 생각한다. 그 사이에 인터뷰와 서면 질문이 추가되기도 했다.

이 책에 소개하는 일곱 명의 예술가, 혹은 문화운동가, 문화기획자들은 이런 마이너리티 아티스트의 의미들을 이해하고 긍정하는 사람들이다. 대학에서 작곡을 전공했지만 대학 졸업 후에 다른 전공을 가진 청년 예술가들과 함께 세월호 유가족과 위안부 할머니를 위해 다양한 퍼포먼스를 기획하는 백정미, 홍대에서 인디 가야금 연주자로 활동하며 국악의 활동 경계를 허물고 다양한 뮤지션과 함께 공연활동을 하는 정민아, 세월호와 강정마을, 광화문 예술인 캠핑촌 등 재난 현장에서 고통 당하는 사람들과 함께 재난예술, 현장파견 예술행동을 벌이는 조각가 나규환, 오랫동안 만화계에서 활동하면서 만화의 사회적 실천을 기획하기 위해 수많은 현장에서 캐리커처를 그려 주는 만화가 이동수, 그리고 성소수자로서 활발하게 활동하는 미술평론가 임근준, 사회적 약자와 소수자의 현장에서 활동하는 다큐멘터리 감독 김일란, 그리고 '첩첩산중', '잔다리 페스타', '디엠제트 피스트레인 뮤직페스티벌(DMZ Peace Train Music Festival)' 등 공연예술 분야에서 독립 프로듀서로 활동하는 김미소 등, 인터뷰에 응해 준 7인의 마이너리티 아티스트는 모두 각사 자신의 현장에서 자율적이고 독립적인 삶을 살고 있다. 이들의 '예술-삶', '문화-기획'을 조명하는 자리는 단지 개별 예술가들을 인터뷰하는 차원을 넘어서는 의미를 지닌다. 그들의 삶은 개인의 차원을 넘어 예술이 우리 사회에 던지는 시대적 화두를, 예술가로서 자신의 삶을 의미 있게 살아가는 길을 제시해 주고 있다. 예술노동, 예술행동, 예술-삶의 실질적인 의미들을 현장에서 찾고자 하는 마이너리티 아티스트들을 짧은 지면에서나마 소개할 수 있어 다행이다.

1장

눈물 닦아 주러, 같이 울러 갑니다

라이브 퍼포먼스 청년 기획자 **백정미**

청년 작곡가로서의 고민들

'청년예술가네트워크'의 송상훈 대표에게 마이너리티 아티스트의 기획을 알려 주고 이 기획에 적합한 청년 예술가를 소개해 달라고 하자 그는 주저 없이 자신의 그룹에서 활동하고 있는 백정미를 소개했다. 처음에는 백정미가 어떤 활동을 했는지 잘 몰랐는데, 송상훈으로부터 그녀가 홍승희 등과 함께 어버이연합에 맞서 대한민국효녀연합을 만든 멤버라는 말을 들었다. 대한민국효녀연합은 위안부 관련 한일 양국의 졸속 합의에 항의하는 위안부 할머니들을 '해코지'하는 어버이연합의 집회에 맞서서 청년 예술가들이 벌인 즉흥적인 퍼포먼스 조직이다. 이들은 커다란 확성기를 가지고 위안부 한일협상을 수용하라고 협박하는 어버이연합 집회에 맞서 대한민국효녀연합이라는 이름으로 팻말을 들고 미소와 음악으로 일본대사관에 있는 소녀상을 지킨 '소셜 아티스트들(social artists)'이다. 백정미는 이 그룹에서 주로 음악 기획과 라이브 페인팅 퍼포먼스 기획을 맡았다.

백정미는 33세의 작곡가이다. 원래 대학(상명대학교 음악대학 작곡과)에서 작곡을 전공했지만, 현재 그녀가 참여하는 현장에서는 다양한 역할을 맡고 있다. 오히려 작곡을 제외한 다른 예술 활동으로 현장에 참여하고 있다. 라이브 페인팅이나 일러스트, 퍼포먼스, 극작, 연출과 같은 다른 장르들을 이용해 사회참여적인 활동을 하고 있는 게 현재 백정미의 모습이다. 작곡 전공자이면서 왜 작곡을 빼고 활동하고 있을까?

백정미가 작곡을 공부하기 시작한 것은 고등학교 3학년 때였다. 보통 한국에서 음대 입시를 보기 위해서는 초등학교 때부터 음악을 시작하고 학교도 예술 관련 중학교와 고등학교를 나와야 한다. 그러나 백정미는 고3이 되어서야 작곡 전공으로 대학을 가기로 결심했다고 한다. 물론 그녀는 일곱 살 때부터 피아노를 치기 시작했고 나름 열심히 연습했다. 그러나 부모님은 그녀가 음악을 전공하는 것을 원하지 않았다. 부모님은 딸이 취미 생활로 피아노를 치다가 말겠지 했다고 한다. 처음에는 그녀 역시 부모님이 적극적으로 권유하지 않았기 때문에 취미 활동으로 생각하다가 고3이 되어서야 작곡으로 음대를 가야겠다고 생각한 것이다. 다행히 그녀는 1년 동안 미친 듯이 작곡을 공부해서 대학에 진학할 수 있었다. 어렵게 들어간 대학이지만, 대학에서 배울 수 있었던 것은 "음악으로 무엇을 할 수 있을까" 보다는 "음악을 어떻게 만들 것인가"였다. 대학에서 작곡 관련 기술적 수업을 받을 수는 있었지만 작곡의 사회적 가치와 의미는 배울 수 없었다. 이런 문제의식은 틀에 박힌 음악대학의 커리큘럼을 아무런 성찰 없이 배워야 한다는 불만에서 비롯되었다. 대학교육의 형식적인 틀은 1년 동안 대학을 들어가기 위해 배운 입시교육의 틀과 너무나 비슷했다. 아이러니하게도 어떻게 보면 그렇게 정해진 교육 틀 덕분에 1년간 공부해서 작곡과에 들어갈 수 있었던 것이 아닌가 싶었다. 대학 입시 준비와 대학 입학 후 교육에 대한 그녀의 생각을 들어보자.

"거의 잠을 자지 않고 1년을 보냈습니다. 보통은 고3이 되기 전에 실기를 볼 수 있을 만큼 진도가 다 나가요. 고3 때부터는 계속 복습하고 훈련하는 기간인데요. 저는 늦게 시작해서 전공 실기 시험 보기 전까지 진도를 나갔거든요. 화성학도 배우고 청음도 처음이라 트레이닝을 계속 받았고요. 피아노도 제가 취미로만 했었고 레슨도 처음 받은 것이니까 손이 뻣뻣하게 굳어 있어서 그걸 푸는 데도 시간이 많이 걸렸고요. 그야말로 스킬 훈련을 받은 거죠. 음대 작곡과에 진학하기 위한 정식화된 코스가 있습니다. 딱 정해진 것들이 있어요. 이 문제집을 풀면 이 안에 있는 게 시험에 나오고. 화성학 같은 경우도 그렇고. 기출문

***

예술행동을 위한 대학로 집회.

제가 있어요. 매년 기출문제가 있어서 그걸로 트레이닝을 하고요. 피아노도 보통은, 입시 곡은 어떤 걸로 한다, 이런 게 정해져 있어요."

"저는 제 의지로 간 거라 만족하면서 다닌 것 같아요. 다행히 만나는 교수님들도 좋으신 분이었고요. 그래서 전공 실기는 열심히 했어요. 입학 초기에는 학과 생활을 열심히 하다가 조금 지나고 나서는 학생회 생활을 열심히 해서 학과 생활을 조금 소홀히 했는데요. 휴학하고 학생회 생활도 하면서 약간은 생활이 안정되지 않았던 것 같습니다. 실망이라기보다는 뭔가 답답함을 느꼈어요. 제가 작곡을 전공하면서 가진 가장 큰 의문점은 '예술이 과연 사회에서 무엇을 할 수 있을까'였어요. 제가 다닌 학교가 광화문 쪽에 있어서 학교를 가고 올 때 항상 광화문을 지나치는데, 광화문에서 하는 다양한 집회 현장을 보면서, '왜, 더 많은 사람이 나오지 않지? 예술을 하는 사람들이 이런 것을 더 표현해야 할 것 같은데 왜 표현하길 꺼릴까' 하는 생각을 했어요. 동시에 저 스스로를 돌아보았을 때, 작곡어법으로는 제 방향성을 드러내지 못 하고 있다는 걸 알았어요. 내가 좀 더 이런 부분을 일찍 생각했으면 아예 학교를 진학하지 않았을 거라는 생각도 많이 했어요. 특히 졸업에 임박해서는요."

백정미는 졸업이 가까워질수록 뭔가 답답함을 느꼈다고 한다. 특히 표현의 자유나 예술가의 사회참여와 관련해서 평소에 생각한 것과 대학 커리큘럼에서 배운 것 사이에 큰 차이가 있다는 점이 제일 답답했다. "예술가라면 무언가를 표현해야 하는데, 그것이 정치적이든 비정치적이든 두려워하지 않고 표현해야 하는데"라고 생각했지만, 실제로 그런 표현의 행위가 얼마나 중요한지는 대학에서 가르쳐 주지 않았다고 한다. 사람마다 생각이 다를 수는 있지만, 그 다른 차이가 무엇인지를 충분하게 토론하지 못하게 만드는 대학 교육 시스템에 약간 회의감을 느꼈다. 이러한 회의감은 비단 백정미만의 문제가 아니라 예술을 전공하는 젊은 학생들이 갖는 공통적인 의견이다. 많은 예술 분야 전공 학생들은 시대 변화에 조응하지 못하는 도제식 교육 방식에 불만을 느낀다. 대학의 커리큘럼은 기능적인 교육을 단순 반복하는 것에 집중되어 있어서, 부족한 창작 역량을 보완하기 위해서는 대학 졸업 후에 대학원에 진학하거나 유학을 가는 경우가 대부분이다. 하지만 결국 자신의 전공만으로 먹고살기 어렵다 보니 대학원에 진학해 강사 자리라도 얻기 위해 대학의 도제식 시스템에 사로잡히거나 다른 일을 겸업하는 것이 현재 청년 예술가들이 안고 있는 딜레마이다. 그녀는 대학에서 느꼈던 교육과 진로의 답답함을 다음과 같이 고백한다.

"대학 교육을 받으면서 생각했던 문제점 중 하나는 작곡법만 훈련을 시키고 어떻게 하면 스스로 살아남을 수 있는지에 대한 교육은 없다는 점이었어요. 기획력이라든지 그런 것에 대해서 너무 방향이 없이, 울타리가 없으면 자립할 수 없는 커리큘럼이 대부분이더라고요. 제가 다닌 학교만의 문제가 아니에요. 그래서 다들 학교 졸업하기를 두려워하죠. '이제까지 해온 게 작곡밖에 없어서 다른 일은 못해'라고 말할 수밖에 없는 상황으로 만들어 놓는 거죠. 졸업하고 무서우니까 도피하듯이 석사과정에 입학하고, 석사 하다가 석사로는 강사 자리 얻기도 힘드니까 부모님 등골을 빼먹으며 박사를 하러 해외에 간다든지 하는 거죠. 석·박사까지 해서 시간강사라도 하며 먹고살 수 있는 환경을 만드는 것이, 좀 답답했어요. 국가지원, 공공지원을 받을 수 있는 것도 찾아보면 많은데, 어떤 것이 있는지, 어떻게 찾아서 해야 하는지 등을 같이 얘기해 주는 사람이 없어요. 교수님들조차도 현재 우리가 갖고 있는 생각과 맞지 않은 생활을 해 오신 분이 대부분이더라고요. 해외에서 석·박사 하고 오신 분들이랑 지금 국내에서 대학을 다니는 사람들이랑은 일단 다른 거죠. 그러다 보니 이분들도 답답하겠죠. 우리한테 도움을 주고 싶어도 본인이 해왔던 것과 다르니까. 그래서 그분들 입장에서는 최대한 우리를 위해 해주는 조언인데, 듣는 입장에서는 전혀 맞지 않는 것이죠. 그러면 우리 입장에 맞게 도움을 줄 만한 사람이 와서 교육해 주면 좋은데, 그런 것도 여의치 않죠. 그렇게 해줄 분이 많지 않으니까요. 그런 부분이 좀 어려웠던 것 같아요. 작곡을 하면서 살아남기가 힘드니까, 먹고사는 데 치중하는 사람들은 결국 작곡을 때려치우고, 작곡이 더 좋다는 사람들은 생활을 때려치우고. 제 선후배들이 거의 이런 양상을 보이는 게 안타까웠고요. 또 그런 것과 별개로 청년 예술가 혹은 청년을 바라보는 전반적인 시각에 답답한 부분이 있어요."

사회참여-함께한다는 것, 당연하지 않나요?

백정미는 대학 입시 교육과 커리큘럼에 회의감을 느끼면서 동시에 예술이 사회참여에 어떤 역할을 할 수 있을지 고민하기 시작했다. 학교를 오가는 중에 광화문에서 목격한 다양한 사회참여 집회 현장들은 이런 생각을 확고하게 만드는 계기가 되기도 했다. 사실 사회참여에 관심을 둔 것은 처음부터 진보적 정치 신념 때문만은 아니었다. 그녀는 교회에서 오랫동안 봉사활동을 하면서 어려운 사람들을 위해 일하는 것을 당연하게 생각하고 있었다. 대학 시절에도 봉사활동에 관심이 많아 주변에 도움이 필요한 사람들이 있으면 함께하기를 원했다. 국내 사회 이슈들에 참여하기 전에는 아프리카에 관심이 많았다. 특히 아프리카가 구호의 대상이 되면서 TV나 봉사 단체의 홍보물에 재현되는 정형화된 이미지에 많은 의문을 가졌다. 이른바 '아프리카' 하면 떠오르는 이미지들, 다시 말해 '누추한 옷차림에 울고 있는 아이들과 눈이 퀭할 만큼 마른 사람들'과 같은 이미지들은 아프리카를 고정된 틀에 가두는 것이라고 생각했다. 아프리카인에 대한 이런 구호의 이미지를 '빈곤 포르노'라고 한다. "아프리카 사람들이 실제로 그렇지만은 않거든요. 다 울고 있는 것만은 아니고 힘든 생활 속에서도 웃고 리드미컬한 생활을 하는데, 그런 것들은 뒤로 숨겨 놓아요. 구호 단체들이, 또 거기에 도움을 주겠다는 사람들이 오히려 그들에게 그런 자극적인 프레임을 만들어요. 엄마에게 안긴 아기가 울고 있는 것과 같은, 자극적인 사진들을 보면서 사람들이 동정하게 만들어요." 이렇게 말하는 그녀 생각에는 당연하게 생각하는 것에 대한 의문, 즉 상식에 대한 도전의식이 들어 있다. 사회참여를 바라보는 시각도 크게 다르지 않았다.

"처음부터 사회참여를 반드시 하겠다고 결심한 것은 아니에요. 매일 등하굣길에 누가 봐도 도움이 필요한 사람들을 봤어요. 학교 오가는 길에 광화문을 지나다 보니까 그곳에서 농성하는 사람들을 보고 또 그들이 말하는 걸 들을 수밖에 없잖아요. 눈이 있고 귀가 있는 이상 그냥 지나칠 수가 없지 않을까요? 너무 도움이 필요한 사람들인데, 저랑 같은 길로 등하교 하는 친구들에게 그런 이야기를 하면 '그게 뭐야?'라고 저한테 물어봐요. 같은 길을 다니는데도 몰라요. 선생님이나 이런 분들도 뉴스를 보면 나오는 것에 대해 한마디도 얘기를 안 해요. 그걸 보면서 뭔가 골방에, 다른 세계에 있는 것 같은, 홀로 고고히 있는 예술,

그런 느낌이 많이 들었어요. 너무 당연하게 눈에 보이는데도 그걸 안 보려 하니까."

백정미가 예술을 통한 사회참여 활동에 본격적으로 관심을 가진 것은 '역사 교과서 국정화 논란'이 불거질 무렵부터였다. 이전에도 세월호 집회 등에 참여했지만 참여 이상의 활동은 하지 않았다. 하지만 역사 교과서 사건을 바라보며 역사를 다각도로 볼 수 있는 여지 자체를 차단하는 것을 막지 못하면 곧이어 예술 검열·탄압이 본격화될 것 같아 목소리를 높여야겠다고 느꼈다. 그렇게 백정미는 청와대 앞 공원에서 1인 시위를 했고, 그곳에서 만난 홍승희의 소개로 청년예술가네트워크에 참여하며 사회 활동을 본격화하였다. 이 단체에서 만난 홍승희를 비롯하여 어효은 등의 회원과 함께 위안부 할머니를 위한 예술 퍼포먼스를 기획하면서 청년 예술가들이 주도하는 참여예술 현장을 본격적으로 경험하였다. 위안부 할머니들이 진행하는 수요집회에 참여하고, 평화나비 집회에서는 다양한 예술 퍼포먼스를 벌이기도 했다. 특히 위안부 할머니들과 상의 없이 정부가 일본과 일방적으로 굴욕적인 보상 합의를 한 것에 사회적으로 분노하는 국면이라 더 적극적으로 현장에서 예술행동을 펼쳤다. 어버이연합 회원들이 일본대사관 소녀상 앞에서 할머니들을 위협하는 집회를 열자, 백정미는 홍승희와 함께 그에 항의하는 집회를 열기로 결심했다. 어버이연합은 우리 사회에

***

청와대 1인 시위.

***

위안부협상반대 퍼포먼스.
© 이재각

서 어느덧 혐오의 대상이 되어 누구든 현장에서 부딪치는 것을 좋아하지 않는다. 그와 달리 이들은 어버이연합과 직접 대면하기를 작정한 것이다. 사실 언론 보도와는 달리 대한민국효녀연합 퍼포먼스는 현장에서 우연하게 기획되었다. 한국 사회 집회 현장에서 매우 큰 임팩트를 주었던 당시 상황을 백정미에게 들어 보자.

"효녀연합 활동할 때가 제일 기억에 남는데요. 그날 아침부터 기획팀 회의를 했어요. 저희가 웹자보로 시간을 공지하다 보니 어버이연합을 이끄는 측에서 그걸 접수했겠죠. 굳이 저희가 시작하는 시간에 맞춰 기자회견을 하러 온다는 소식을 접했어요. 그래서 피켓을 미리 만들어 놓고 시위할 준비를 해놓았던 거고요. 공연을 해야 하니까 엠프가 필요한데요, 그날은 어버이연합과 대치 상태가 되면 음향 장비가 망가질 수도 있으니까, 그러면 우리가 생목으로라도 해야겠다고 기획팀에서 얘기를 했었어요. 긴박한 상황이 될 수 있겠다고 얘기를 했죠. 하지만 그 난리가 날 줄은 몰랐어요. 그분들이 오시면 어떻게 하지? 얘기를 하다가 소녀상을 떠나지 말아야 할 것 같다, 그분들이 여기를 다 차지하면 할머니들에게 어떤 상처가 되는 행동을 할지 모르니까 우리가 최대한 소녀상 무대를 안 뺏기고 지키자, 그게 저희의 최고 목표였어요. 그 점은 다행히 수행이 됐어요. 어버이연합에서 난리를 치고 경찰들이 둘러싸고 있는데도 박인혜 님이 생목으로 노래를 부르셨어요. 대치 상황인데도 다섯 곡인가를 부르고 가셨어요. 저희가 예술행동 때 엠알(MR: music recorded) 틀어 놓고 랩을 하시는 분도 엠알을 틀 수 없으니까 기타 치면서 랩 하시고 그런 상황이었고요. 저랑 승희랑 활동하던 친구들은 계속 피켓 시위를 했고요. 저희가 퍼포먼스 할 때 입던 한복 입고 피켓 시위를 계속 했어요. 그분들이 뭐라고 삿대질을 하니까 승희가 화가 나서 더 대치를 하려고 했지요."

백정미는 위안부 할머니들에게 모욕을 주는 어버이연합의 시위를 목도하면서 어버이연합 할아버지들에게 분노보다 연민이 들었다. 조계사에서 한상균 민주노총 위원장을 상대로 시위를 했을 때도 그렇고 누군가에게 뭔가 암묵적인 지시를 받고 행동한다는 느낌을 받았다. 비록 직접적인 지시가 아니라 할지라도 그들의 행동에는 집단적인 호출의식, 분노를 유발시키는 외부의 작동 기제가 있다는 느낌을 받았다. 실제로 시위 현장에서 백정미는 할아버지들을 이끄는 걸로 추정되는 여성분이 이렇게 말하는 것을 들었다. "여러분, 국가를 위해 중요한 일을 하고 계십니다. 훌륭한 일을 하시는 겁니다." 어버이연합 활동을 하는 그분들이 나름대로 국가를 위해 헌신한다는 신념에 차 있다고 생각하니 너무 안타깝고 불쌍하게 보였다. 결국 나중에 전경련 등의 단체에서 어버이연합에게 시위를 대가로 거액의 지원금을 주었다는 사실이 밝혀졌다. 2만 원 일당을 받고 시위에 나서는 어버이연합 회원들의 보도를 듣고 어떤 느낌이 들었냐는 질문에 백정미는 이미 현장에서 그런 인상을 강하게 받았다고 했다. "누가 봐도 스스로 만들지 못하는 피켓을 들고 오셨어요. 할아버지들이 승희 얼굴이 프린트 되어 있는 피켓을 만들고요." 그래서 함께 시위했던 홍승희와 친구들도 자신들이 시위 현장에서 대치하고 있는 것은 할아버지가 아니라 그분들 뒤에 있는 이들이라는 생각을 강하게 했다.

라이브 퍼포먼스와 예술행동

백정미는 2016년 1월 어버이연합과 대치하고 있던 위안부 할머니 소녀상 앞에서 다양한 예술행동 퍼포먼스를 벌였다. 그 중에서 그림을 그리면서 시위의 의미를 현장에서 알리는 라이브 페인팅 퍼포먼스가 가장 인상적이었다. 먼저 "할머니 모습을 그린 후, 할머니 머리카락에서 큰 꽃이 피어오르고, 거기에 살풀이를 하는 퍼포먼스를 했어요." 비록 그림과 한국무용이 전공은 아니었지만 현장에서 예술적 재현의 수준은 아무런 문제가 되지 않았다. 이미 돌아가신 위안부 할머니들의 넋을 기리고 역사의 아픈 살을 푸는 예술행동을 위해, 영상을 보면서 스스로 춤을 배워 집회 현장에서 퍼포먼스를 벌이는 예술행동은 전공자가 무대에서 춤을 추는 공연과 다른 차원의 의미를 갖는

다. 그녀는 오로지 자신의 힘으로 할머니들과 아픔을 함께하고 싶었기 때문이다. 현장에서 라이브 퍼포먼스는 다른 미학적 가치를 가진다. 그것은 완결된 공연에서 느낄 수 있는 무대에서의 감동과는 다르다. 무대의 감동과는 다른, 퍼포먼스 현장에서만 구현할 수 있는 예술행동의 즉각적인 표현은 참여자들에게 새로운 형태의 감동을 전해 준다. 기획한 것에 따라 완벽하게 움직이는 것이 아니라 현장의 우발성에 따라 흘러가는 것이다. 이런 현장에서의 우발성이 라이브 퍼포먼스가 주는 '예술의 직접적인 힘'이다.

라이브 퍼포먼스, 라이브 페인팅이란 무엇인지, 백정미에게 직설적으로 물어보았다. 그녀는 현장에서 필요에 의해, 집단적 행동 가운데 자기에게 주어지는 즉흥적 역할이라고 말한다.

"즉흥적으로 그림을 그리는 경우도 있고요. 아니면 스케치를 미리 생각해 보고, 이런 정도로 그리면 되겠다 해서 그리기도 하고요. 위안부 문제 가지고 할 때, 음악 쪽은 공연에 오시는 분이 많으니까 시각 쪽을 하면 좋겠나 싶었어요. 이런 그림이 있으면 좋겠다는 생각이 들어서 '그럼 내가 그리지 뭐'라고 해서 제가 그렸고요."

그녀의 답변에는 어떤 심각함이나 비장함보다는 현장의 필요에 따른 즉흥적 선택의 감정들이 담겼다. 퍼포먼스를 위해 뭔가

***

봉선화소녀 퍼포먼스. © 임현규

필요한 자기 역할을 해야겠다는 생각, 혹은 희생정신 같은 것이 묻어 나온다. 백정미는 현장에서의 퍼포먼스가 분명 어려운 선택이지만 많은 보람을 느낀다고 한다. 라이브 페인팅을 그리는 시간에 시위에 참여했거나 우연히 그 옆을 지나가던 분들이 관심을 보이고 사진을 찍어서 SNS에 올리는 것을 보면서 라이브 퍼포먼스가 갖는 특이함에 시위 참여자들이 공감하고 있음을 느낄 수 있었다. "그림 퍼포먼스는 그냥 잠깐 스치면서 사진을 찍고 가더라도 사진을 보면서 '이런 그림이네'라고 나중에 다시 보거나 그 자리에 없었던 사람들도 볼 수 있다는 게 장점인 것 같아요. 잠깐 보더라도, 어느 시간대에 와서 보더라도 그 의미를 가지고 갈 수 있어서 되게 좋은 기여를 하고 있다고 생각합니다."

백정미는 세간의 주목을 받았던 '소녀상 앞 시위'에서 사전 기획을 넘어 라이브 퍼포먼스의 '라이브 우발성'에서 미적 감동을 받았다고 한다. 당시 시위 퍼포먼스 현장 상황의 우발성을 그녀에게 직접 들어 보았다.

"두세 시간 라이브 페인팅을 하고 퍼포먼스를 하는 동안 몸을 덜덜 떨었어요. 집중을 해서 하다 보니까 춥다는 생각은 안 드는데 정말로 몸이 추운 거죠. 그래서 덜덜 떨리고 콧물도 나고 그랬죠. 그걸 지켜보는 분들이 너무 안타까워했어요. 공연하러 오신 분들도 제가 그렇게 퍼포먼스를 하고 있으니까 가려다

***

봉선화소녀 퍼포먼스.

***

봉선화소녀 퍼포먼스, 박재동 화백과 함께. © Bezzangi

가 못 가고 계시더라고요. 구경하고 있다가 너무 오랜 시간 그러고 있으니까 안타까워하면서 저를 안아 주셨어요. 원래 제 퍼포먼스는 살풀이 한 다음에 꽃을 들고 끝나는 거였는데요. 꽃을 들고 제가 서 있을 때, 뒤에 와서 너무 추울 것 같다고 안아 주시더라고요. 그러자 다른 분들이 릴레이로 안아 주시는 거예요. 계획하고는 다르게 되었지만, 그때가 너무 기억이 나요. 두세 시간 동안 퍼포먼스를 하면서 '너무 춥다'라는 생각이 들면서 동시에 '아 할머니들은 25년 동안 얼마나 추웠을까? 25년 동안 얼마나 추운 겨울을 보내셨을까? 계절은 바뀌었지만 할머니들의 마음속은 얼마나 추운 겨울이었을까?'라는 생각이 들었어요. 릴레이로 저를 안으시는 분들을 보면서, 할머니들도 조금이나마 우리가 활동하는 동안에 온기를 느끼면 좋겠다, 내가 너무 추웠다가 너무 따뜻해진 그 느낌 이상으로 온기를 느끼시면 좋겠다고 생각했어요. 그게 기억이 나요."

백정미에게 라이브 퍼포먼스를 벌이는 현장은 매우 특별한 의미가 있다. 그녀에게 현장이란 어떤 의미일까? 세월호 재난의 현장, 일본 위안부 문제 해결을 위한 수요집회 현장, 제주 해군기지를 짓는 강정마을 등등. 그녀는 현장이란 '누군가가 도움을 요청하는 곳, 누군가가 도움을 주어야 하는 곳'이라고 말한다. 예술가들은 독립적이고 개인적인 성향이 강해서 자신의 창작 활동, 자신의 무대, 자신의 작업실, 자신의 전시실을 중시한다. 물론 예술가들은 책의 독자, 공연의 관객, 미술관의 관람객에게 감동을 주는 궁극의 목표를 가지고 있지만, 창작의 과정은 철저하게 대중과 격리되어 있다. 심지어는 관객보다 자신의 만족스러운 창작욕을 위해 작업하는 예술가도 많다. 예술가와 대중, 작업 활동과 무대 공연 사이의 거리감은 어떻게 보면 예술의 시간과 현장의 시간이 구분되는 지점이다. 그러나 사회적 재난 앞에 선 예술의 현장은 그런 거리를 소멸시켜 버린다. 백정미는 이렇게 말한다.

> "예술 하시는 분들 대부분은 동의하지 않겠지만 자기 작업이 주를 이루죠. 저는 개인적으로 예술을 하는 이유가 "내가 너무 예술적으로 충만해서 표현하지 않으면 큰일 나", 이런 것은 아닙니다. 예술을 잘한다고 생각하지도 않고 실제로 잘하지도 못하고요. 그렇지만 좋아하는 마음이 일단 큽니다. 제가 예술을 하는 것은 이걸 통해 누군가에게 조금이라도 도움이 되면 좋겠다, 누군가의 삶에 잠깐이라도 온기를 줄 수 있는 손난로 같으면 좋겠다, 그런 바람 때문이죠. 그래서 현장에 가는 게 뭔가 제가 특별히 정의감이 많아 간다기보다는 울고 있는 사람이 있으니까 눈물 닦아 주러 가는, 같이 울러 가는 것 같아요."

2016년 5월 22일 제15회 의정부 음악극 축제 마지막 날 야외무대에서 '소셜아트플래툰'이 참여한 작은 연극 〈돈벼락 맞은 사내〉 공연이 있었다. 소셜아트플래툰은 청년예술가네트워크와 연대하는 조직으로 주로 청년 예술가들이 기획하는 다양한 공연예술 프로그램들을 실천하는 곳이다. 〈돈벼락 맞은 사내〉라는 공연은 겉으로 보면 부자에 관한 이야기처럼 보이지만, 실제로는 2015년 11월 시위 도중 경찰의 물대포를 맞고 쓰러져 결국 사망한 백남기 농민의 이야기이다. 축제 마지막 날 오후 야외에서 공연한 탓에 많은 관객이 참여하지는 않았지만 다양한 캐릭터로 코스프레한 고등학생과 일반 축제 참가자들이 흥미롭게 관람했다.

백정미는 이 공연에서 극작·연출과 라이브 연주를 맡았다. 라이브 연주에 동원된 악기는 우쿨렐레와 일명 엄지 피아노라고 하는 아프리카 악기 칼림바 등으로 아주 간단했다. 이 공연은 다른 시위 현장이나 집회 현장에서 몇 번 공연된 작품이지만, 전문적인 공연예술 축제에서 공연한 것은 처음이라고 한다. 그래서 집회 현장에서의 분위기와는 다른 인상을 받을 수밖에 없었다. 이 공연이 집회의 사전 행사로 쓰일 때는 공연에서 어떤 것을 말할 것인지를 집회 참가자들이 대략 눈치 챌 수 있지만, 이 공연을 관객 자격으로 야외에서 보면 대부분 공연의 취지를 먼저 쉽게 이해하기 힘들 것이다. 어떤 분의 이야기라는 것을 사전에 알려 주지 않았으니 정보가 없는 관객들은 잘 알 수가 없다. 청소년을 비롯하여 보통 시민들이 참여했던 축제 현장이라서 사실 이 공연이 경찰의 물대포에 맞서 쓰러진 백남기 농민 이야기라는 것을 알아차리는 것은 쉽지 않았다. 백정미는 오히려 그게 더 의미 있다고 생각했다. 이들은 집회 현장에서 만날 수 없는 사람들이니까.

"그래서 정보를 더 전달하고 싶었어요. 집회 현장에서 했었을 때와 대사가 조금 다른데요. 그때는 조금 더 추상적으로 가되 뭔가 더 듣기 편한 대사들 위주로 갔다면, 지금은 더 구체적인 수치를 얘기한다든지 구체적인 단어를 굳이 빼지 않고 넣었어요. 이해를 더 시키고 싶어서요."

공연을 본 관객 중에는 걸그룹 코스프레를 하거나 애니메이션 캐릭터로 꾸민 고등학교 학생들도 있었다. 공연을 마치고 이들에게 공연이 어땠는지 물어보았다. 공연이 어떤 내용을 담고 있는지 정확하게는 모르겠지만 "공연이 되게 무겁고 민주화 이런 게 생각난다"고 대답했다. 경찰의 물대포를 맞고 쓰러진 백남기 농민의 이야기라고 알려 주니 학생들이 금방 알아차렸다. 일반 시민에게 예술행동을 보여 준다는 것은 어떤 의미가 있을까? 백정미의 생각을 물어보았다.

"방금까지 얘기한 그런 의미가 있는 거겠죠. 잘 모르는 사람들에게 백남기 농민에 대해 얘기하면 살수차 맞은 사람 정도만 알고 그렇게 얘기를 하잖아요. 그분이 왜 거기 갔는지는 모

연극 〈돈벼락 맞은 사내〉. © 손예슬

르고요. 그래서 자극적인 것 말고 그분이 왜 거기를 갔는지를 더 얘기하고 싶었어요. 그걸 전달하면 나중에 궁금해서 찾아볼 수도 있잖아요. '아, 이게 백남기라는 사람의 이야기구나. 그 연극을 보니까 그분이 학생 시절 이랬다고 하던데. 왜 농민이 됐고 농민이 되어서 어떤 것을 했고 어떤 억울함이 있었고 어떤 부조리 때문에 거기를 갔구나.' 이런 걸 알 수 있게 다리 역할을 하는 것 같아요."

그렇다고 이 공연을 일부러 설명하고 싶지는 않았다고 한다. 당장 모든 걸 알려 줄 수도 있지만 본인이 찾아보는 게 더 기억에 남을 거라고 판단했기 때문이다. "본인이 스스로 사유해야 하는 부분이라고 생각해요. 지금 당장은 잊어버렸다고 해도 나중에 삶에서 비슷한 일들을 더 만나다 보면, 언젠가는 이 연극을 떠올리게 되겠죠. 아, 예전에 봤던 그 연극이 이런 역할을 했던 거구나, 그런 콘텐츠였구나라고 알 수 있겠죠." 이 말 안에서 우리는 예술, 특히 현장 예술이 갖는 어떤 특별한 힘을 상상할 수 있다.

가난한 청년 예술가의 예술-삶

대한민국에 살고 있는 대부분의 청년 예술가들이 그렇겠지만 백정미도 어려운 시절을 보내고 있다. 예술을 전공하는 학생들은 대부분 '집안 등골 빼먹는' 아이라는 말을 듣고 살다가 졸업 후에는 '취직도 안 되고 전망도 없는' 아이라는 말까지 듣게 된다. 예술 전공자에 대한 가장 잘못된 편견 중의 하나가 바로 예술 전공 학생들은 대체로 집안이 부자일 거라는 생각이다. 대학에 들어가기까지 레슨비가 너무 많이 들기 때문에 집안이 어느 정도 부유하지 않으면 처음부터 예술을 전공할 수 없을 거라고 짐작한다. 물론 예술 전공자들의 가정 형편이 평균적으로 좋은 것은 사실이지만 모든 예술 전공 학생들의 집안이 넉넉한 것은 아니다. 학생들 중에는 전공을 시작하는 초등학교와 중학교 때에는 가정 형편이 좋다가 부모님 실직이나 사망으로 갑자기 가세가 기울어 어려운 환경에서 예술을 전공하는 학생들도 적지 않다.

예술가들의 '가정 형편은 넉넉한 편이다'와 예술가들은 본인이 원하는 길이기 때문에 '가난해도 좋다'는 이중적인 잣대가 일반인이 예술가에게 갖는 일반적인 편견이다.

백정미에게 자신의 가정 형편과 돈을 버는 일상, 그리고 가난한 환경에 처한 청년 예술가의 삶에 대해 물었다. 백정미의 가정도 기초수급을 받아야 할 정도는 아니지만 충분하게 뒷바라지해 줄 정도의 형편은 못되었다. 입시를 늦게 시작했지만, 입시에 필요한 레슨비를 내야 하는 상황에서 가세가 기우는 것을 보았다. 처음에는 입시에 필요한 돈이 그렇게 많이 들지 않을 거라고 했지만, 실제로 입시가 가까이 오면서 레슨비의 규모가 커지고 부모님의 부담이 매우 크다는 것을 느꼈다. 처음에 부모님이 음악은 취미로 해야지 네가 전공으로 하면 돈이 너무 많이 들어서 안 된다고 말씀하신 것을 이해하지 못했는데, 가세가 기우는 걸 보고 현실을 직시하게 되었다. 그래서 백정미는 대학에 입학한 후에는 부모님에게 폐를 끼치지 않기 위해 닥치는 대로 아르바이트를 했다.

> "입학하자마자는 수능 끝난 지 얼마 안 된 상태여서 중학생 대상 학원에서 영어 보조 강사 같은 걸 했었거든요. 그리고 지상파 방송 〈쇼음악중심〉 이런 데서 발라드 가수들 뒤에서 바이올린 연주하는, 이런 것도 했습니다. 보통 에이알(All Record)로 가니까 폼만 잡으면 됩니다. 이것저것 많이 했어요. 우체국 이런 데서도 일했고 은행에서도 일했고 장학센터에서도 일했고 전화 상담센터 이런 데서도 일했고 이런저런 경험을 했어요. 입학 후에도 생활비는 제가 벌었어요. 제가 쓸데없이 긍정적인 것일 수도 있는데요. 소스를 찾는 느낌이었어요. 장난 식으로 이야기하는 게 뭐냐면, "나는 취미로 돈 벌어"라고 말하고 다녔어요. 왜냐하면 나의 주 업무가 이게 아니니까. 주 작업은 작곡이니까. 작곡으로 돈을 벌기 위해서 머니코드로 곡을 쓰지 않아도 되고, 내가 하고 싶은 걸 곡으로 쓸 수 있어요. 나는 다른 걸로 돈을 번다, 그런 식으로 접근하니까 애초에 돈을 벌기 위해 필요한 노동을

하는 것에 스트레스를 받지 않는 것 같아요."

청년 예술가들의 어려운 환경은 비단 생활환경 때문만은 아니다. 대부분 청년이 "왜 예술을 하는가, 어떤 창작 활동을 하는가, 자신의 예술 활동이 사회적으로 어떤 의미가 있는가"를 충분히 고민하기 어려운 상황이라는 게 더 어려운 문제이다. 청년 예술가들이 겪는 생계의 어려움은 일반 청년들의 상황과 비슷하다. 어떤 점에서는 부모의 경제자본이 없다면 일반 청년보다 더 어려울 수 있다. 졸업 후에 다른 일반대학 학생들처럼 취업할 수 있는 기회가 많지 않기 때문이다. 예술가에게 취업은 아주 특별한 조건에 놓여 있다. 공공예술 기관의 단원으로 취업하지 않으면 예술가에게 취업은 창작 활동과 분리되지 않는다. 창작 활동을 하는 예술가에게 취업이란 따로 없다. 따라서 청년 예술가의 일자리는 창작 활동을 통해 해결하는 것이 가장 바람직하다. 그러기 위해서는 청년 예술가에게 창작 활동의 기회가 더 많이 제공되고 그와 더불어 창작 활동으로 일정한 수익이 보장되어야 한다. 그러나 불행하게도 청년 예술가에게는 창작 활동 기회가 많이 주어지지도 않고, 공공기관에서 지원하는 창작 활동 사례비도 공식적으로 인정받지 못하고 있다. 부모의 경제자본이 없다면 청년 예술가는 다른 아르바이트로 생활비를 벌거나 예술가의 길을 포기해야 한다. 2016년에 서울시는 예술가들의 어려운 처지를 지원하기 위해 '서울형 예술인 희망플랜'을 발표하였다. 예술인을 위한 공공임대주택 확대 보급, 창작 공간 확충, 사회적 일자리 창출, 최초예술지원 사업 확대, 공공문화예술시설 건립, 예술청 조성 등의 지원 방안이 포함되어 있다. 백정미는 이런 지원이 필요하다는 데 동의하면서도 청년과 청년 예술인을 무조건 불쌍한 주체로 바라보는 것은 문제가 있다고 지적한다.

"청년 문제도 비슷하다고 생각해요. 청년층을 무조건 N포 세대이고 불쌍한 애들이고 취약 계층이라고 보는 것 같은데, 저는 청년들이 그렇게 취약 계층이라고 생각하지 않아요. 스스로 자립할 수 있어요. 스스로 생각하는 사람도 많고요. 이런 시선을 깨고자 방향을 계속 찾아 나가는 사람도 많아요. 그런데 뭔가 포기하게 하는 이미지를 자꾸 만드는 것 같아요. 쟤들은 의지가 없어. 쟤들은 비판적인 사고도 하지 않고 연애도 하지 않고 아무것도 하지 않아. 그냥 저 시스템 안에서 갇혀서 포기한 채로 살아가. 이렇게 만드는 것 같아요. 그래서 오히려 열의를 가진 사람들조차 '아 맞아. 나도 저런 세대야. 나도 N포 세대야'라고 생각하게 만들어요. 이렇게 프레임을 만드는 것 자체가 잘못되었죠."

백정미는 청년 예술가를 위한 공공지원의 방향을 생계 지원보다는 창작 활동을 활성화하는 '펀딩 지원'으로 가면 좋겠다고 말한다. 창작 활동과 창작 결과물에 공공의 펀딩을 강화하는 방식이다. 그녀는 "내 예술이, 내 노력이, 보상을 받는다, 가치를 얻는다, 이런 느낌이 들게 해야 할 것 같아요. 그렇게 하려면 '너희 불쌍하니까 힘내'라는 식으로 돈을 주는 게 아니라 '내가 이걸 만들었어'라고 말했을 때 '아 그렇구나, 내가 투자를 해서 완성하게 해줄게'라든지 '내가 사갈게'라든지…. 이런 식으로 펀딩 개념으로 가는 편이 좋을 것 같아요. 불쌍하니까 지원해 줄게, 이런 식의 지원 방향보다 좀 다른 방향으로 가는 게 좋지 않을까요"라고 말한다.

가령 예술 분야의 다양한 박람회를 개최해서 청년 예술가들의 창작물들이 일반 관객이나 예술투자 분야의 사람들에게 더 많이 소개되는 일종의 '아트 마켓'을 열어 지원하는 방식이 더 적절하다는 것이다. 이런 방식이 청년 예술가들이 가진 창작의 자긍심을 높일 수 있다고 본다. 단순하게 생계를 지원하는 방식은 청년 예술가들의 지존감을 높이는 데 한계가 있다. 그보다는 아트 마켓에서 인정받고 실제 관객과 만나 작품으로 선정된다면 그만큼 자신의 예술 활동에 자부심을 느낄 수 있다는 것이다.

"쇼케이스 했던 것 중에서 마음에 든 게 있으면 바로 그 자리에서 접촉하여 같이 프로젝트를 한다든지 하면 서로에게 좋을 것 같거든요. 기업들도 예술가와 같이 간다는 그런 이미지를 가질 수 있고, 예술가도 나를 보고 나를 인정해서 같이 가려고 한다라는 느낌을 받겠죠."

달라진 세상에 적응하기

광화문 광장에서 시작된 촛불시민 혁명은 전국적으로 확산되었고, 결국 대통령 박근혜는 탄핵을 받아 대통령직을 내려놓고 수감되었다. 최순실을 포함해 박근혜 정권의 많은 고위급 인사가 수많은 범죄행위를 저지른 대가로 감옥에 갔다. 그리고 새로운 세상을 향한 국민들의 열망으로 문재인 정부가 출범하였다. 문재인 정부 출범 이래 적폐청산을 위한 작업들이 진행되었다. 특히 박근혜 정부 시절 문화예술계는 엄청난 탄압을 받았던 사실이 밝혀지고, 국가의 불법적인 검열과 부당한 지원배제의 사례들이 재판 과정에서 드러나면서 이른바 문화예술계 블랙리스트 행위들이 만천하에 드러났다. 백정미 작가에게 청년 예술가로서 블랙리스트 사태를 어떻게 생각하는지 물어보았다.

"제가 처음 사회문제에 직접적으로 표현하게 만든 사건이 바로 역사교과서 국정화 사건이라고 지난 인터뷰 때 말씀 드렸었지요. 역사교과서 국정화를 막지 못하면 그다음은 예술계 탄압이 될 것이라고 생각했기 때문이라는 말씀과 함께요. 그 예상이 틀리지 않았다는 게 드러난 사건이라 참으로 통탄스러웠습니다. 뭔가 그 문제를 표현하고 싶어서 당시 광장에 세워졌던 '블랙텐트'나 '블랙극장' 작업에 참여하고 싶었는데 함께할 배우가 구해지지 않아 아쉽게도 참여하지 못했지만요. 게다가 그 무렵에 건강이 악화되고 방향성에 고민이 깊어지던 때라 몸담고 있던 단체 활동도 중단하고 집회 참여나 블랙극장 공연과 전시 관람 정도의 활동만 했습니다. 다시 생각해도 참 아쉽네요."

문재인 정부 들어서 블랙리스트 사태를 진상규명하는 작업과 함께 새로운 문화정책의 비전을 만드는 작업도 동시에 진행되었다. 그 하나로 내가 단장으로 참여한 새문화정책준비단에서 「문화비전2030-사람이 있는 문화」를 1년 6개월 동안 준비하여 발표하였다. 이 보고서에는 자율성, 다양성, 창의성이라는 3대 가치에 개인의 자율성 보장, 공동체의 다양성 실현, 사회의 창의성 확산이라는 3내 방향을 기반으로 총 10대 과제와 50여 개의 대표과제, 180여 개의 세부과제가 제출되었다. 그 과제 안에 블랙리스트 사태를 극복하기 위한 예술인의 지위와 권리보장, 2018년 미투운동을 반영한 성평등 문화의 실현이 포함되었다. 또 후속 작업으로 '새예술정책'이 만들어졌고, 그 안에 예술인의 권리와 복지, 예술인을 위한 다양한 창작 활동 지원 계획이 담겨 있다. 특히 문재인 정부 들어 예술인에 대한 복지와 권리를 보장하려는 노력들, 예컨대 예술인고용보험제도를 시행하

***

예술검열반대 퍼포먼스.
© Bezzangi

고 예술인들의 활동과 생활을 지원하는 정책들이 본격적으로 이루어질 예정이다. 그래서 예술-삶과 생계가 구별될 수 없는 청년 예술가인 백정미 작가에게 문재인 정부와 서울시가 추진하는 예술인 복지정책을 어떻게 생각하는지 물었다.

"지속가능한 지원 사업이 과연 무엇인지, 더 깊이 고민해야 한다고 생각합니다. 2017년에 서울예술인희망플랜의 하나로 처음 시행되었던 청년예술단에 선정되어 사업을 진행하면서 아직도 지원 사업은 갈 길이 멀다고 생각했습니다. 빈곤층 위주나 경력 위주가 아닌 사업계획서와 작품만을 보고 선정하는 것, 작품 창작에만 매진하도록 선정자 모두에게 달마다 활동 지원금을 지급하는 것은 고무적이었습니다. 그러나 지원 사업으로 무대에 올린 공연의 수익금을 다음 작품을 만드는 데 쓰도록 두는 것이 아니라 서울시에 제출하도록 한 것은 계속 지원 사업 없이는 자립하여 예술을 할 수 없게 만드는 처사라고 생각합니다. 최초 예술 지원과 같은 상금형 지원 제도의 규모가 커지거나 여타 청년 예술가들이 자립하는 것을 돕는 지원 사업이 되려면 고민이 더 필요하다고 생각합니다."

백정미는 위안부 할머니와 세월호 유가족을 위한 라이브 퍼포먼스 활동 이후에 청년 예술가로서의 삶을 진지하게 고민하기 시작했다. 예술가로서의 자기 정체성을 성찰하는 시간이기도 하면서, 촛불 시민혁명으로 새롭게 열린 세상의 다름을 고민한 시간이기도 했다. 2017년 이후 백정미는 전업예술가의 길을 조금씩 더 걷고자 했다. 매달 활동비가 지급되고 작품 지원금도 함께 나오는 '서울청년예술단'에 선정되어 작품 활동을 위해 따로 부업을 할 필요가 없어졌다 2018년에도 지원받을 수 있는 사업 목록을 모조리 찾아서 문서화하고 분석하면서 지원 사업을 적극 활용하였다. 첫 인터뷰 당시와 상황이 많이 달라진 것이다.

백정미는 2016년 하반기 무렵부터 어떤 벽을 마주했다고 한다. 사회참여 예술을 하는 사람이나 이미 관심이 있는 사람들 안에서는 자신을 포함하여 사회참여 예술을 하는 사람들의 작업이 의미 있지만 거기서 한 발자국만 나아가도 금방 무용한 것이 되어 버리는 경험을 하면서 그들의 언어와 자신의 언어가 다르다는 생각이 들었다. 그녀는 사회참여 예술의 궁극적인 목표는 연대라고 보았다. 연대의 목적은 결국 약자와 약자가 모여 강자를 이기기 위한 것이라고도 생각했다. 그런데 연대를 할 때, 일반적인 현대사회에서 도태되면서까지 약자 곁을 지키는 것이 미덕일까 하는 의문이 강하게 들었다. 그래서 일반 시민에게도 익숙하거나 시대 흐름에 맞는 작업으로 피해자나 현장을 평범한 시민과 이어 주는 역할을 해야 한다고 생각했다. 최근 4차 산업혁명에 요구되는 증강현실이나 인터렉티브 방식 등을 활용한 미디어아트를 사회예술로 풀어내는 실험에 관심을 두게 된 것도 그런 이유에서이다.

다시 작곡가로서의 여정

청년 예술가들은 생계 활동과 창작 활동이 분리되어 생활하는 것이 일반적이다. 생계와 창작이 통합되면 좋겠지만 그러기가 쉽지 않다. 창작 활동을 위해 생계 활동을 어쩔 수 없이 하는 경우도 문제이지만, 생계를 위해 스스로 만족스럽지 못한 창작 활동을 하는 경우도 있기 때문이다. 만족스러운 창작 활동을 하면서 생계까지 보장되는 삶을 사는 청년 예술가는 극히 드물다. 백정미는 사실 어떤 점에서는 둘 다 해당한다고 보기 어렵다. 그녀에게 창작 활동이란 어떤 완결된 창작물을 무대에서 관객에게 선사하는 것이 아니라 사회적 활동과 늘 연결되어 있기 때문이다. 더군다나 그녀의 창작 활동은 자신이 전공한 음악 분야에만 한정된 것이 아니라 라이브 페인팅 등 예술적 퍼포먼스로 확장되어 있다. 물론 이것도 창작 활동이지만 우리가 보통 생각하는, 무대에서 관객에게 보여 주는 창작 활동과는 거리가 멀다. 애초에 무대 공연을 염두에 둔 것이 아니어서 별도의 생계 활동 역시 온전히 그녀의 몫이다. 사회적 재난 현장에서 벌이는 예술행동으로는 돈을 벌 수 없기 때문이다. 그래서 일종의 마이너리티 아티스트의 길을 걷고 있는 백정미에게 마지막으로 두 가지가 궁금했다. '예술의 사회적 참여 활동을 계속할 것인가'와 '자신이 전공한 음악 창작 활동에 집중할 것인가'였다.

예술의 사회참여 활동은 혼자보다 다른 예술인과 연대하여 장을 만드는 것이 더 효과적이기 때문에 백정미는 청년예술가네트워크에 참여하여 집단 활동을 하고 있다. 청년예술가네트워크에 참여하기 전만 해도 그녀는 워킹 홀리데이 비자를 받아 다른 나라에 가서 자신과 생각이 비슷한 또래 집단 예술가들과 협업할 수 있는 길을 찾아보려고 했다. 그러던 차에 2014년 세월호 집회를 계기로 홍승희를 알게 되었고, 이듬해 12월에 예술행동을 위한 대학로 집회에 함께 참여하면서 청년예술가네트워크에 합류하였다.

이 단체에서 그녀는 생각이 비슷한 또래 집단 예술가들이 자신이 가진 도구로 거리낌 없이 표현하는 것을 처음 보았다. 다양한 예술행동을 함께 하고 싶다는 생각에 지금까지 청년예술가네트워크에서 활동하고 있다.

백정미에게 어떤 활동을 계획하고 있는지 물어보았다. 올해 하반기부터 작곡가로서 자신과 사회참여적인 자신을 일치시키는 작업을 하고 싶다고 말했다. 그렇지만 한정된 음악 작업은 하지 않을 거라고 했다. 일단 관심이 많은 주제를 정해 놓고 그 주제를 표현할 수 있는 가장 적절한 방법이 무엇일지 상상하면서 상황에 맞게 작업할 것이라고 했다.

지난 2016년 5월 22일 의정부음악극축제 마지막 날, 소셜아트플래툰이 올린 〈돈벼락 맞은 사내〉에 반주로 참여한 그녀를 다시 만났다. 〈돈벼락 맞은 사내〉는 2015년 11월 14일 민중총궐기대회 때 경찰이 쏜 물대포를 맞고 의식불명 상태로 있다가 세상을 떠난 백남기의 이야기를 담은 연극이다. 이 작품에서 그녀는 간단한 악기를 가지고 연기자의 대사에 맞춰 반주를 했다. 그리고 4일 뒤에는 춘천 마임축제에서 일본대사관 소녀상에서 했던 퍼포먼스를 벌인다고 했다. 그리고 그 후에 몇 차례 인터뷰를 보완하려고 연락을 했다. 지금 그녀는 한 문화재단에서 계약직으로 근무하고 있다. 그녀가 해나갈 활동의 중심에는 여전히 예술의 사회적 실천이 있었다. 다만 지금보다 더 예술행동 기획에 관심을 가지고 다양한 퍼포먼스를 기획할 것이며, 자신이 전공한 작곡의 역량을 더 향상시키는 작업을 하고 싶다는 점을 강조했다.

작곡 역량을 더 향상시키는 작업을 하는 것이 다음 목표예요. 저의 가장 주 베이스는 작곡이니까요. 서울프린지페스티벌에서 발제하면서도 이와 비슷한 말을 했는데요. 학교 커리큘럼은 지금 다시 봐도 그렇고 지난 시간을 생각해 봐도 그렇고, 예술가로서 어떻게 살아야 하는지 예술가로서의 철학이나 예술가로서 사유해야 하는 부분은 전혀 없어요. 다만 기능인으로서 작곡하는 스킬, 작곡하는 테크닉을 주로 배웠어요. 역사를 배우더라도 특정한 기법과 작곡가를 중심으로 다분히 기능적 역사와 훈련만을 교육받았어요. 그래서 작곡으로 어떻게 제가 추구하는 방향으로 가야 하는지 훈련받은 적이나 경험한 적이 없어서 오히려 더 어려움이 있어요. 다른 장르는 아예 배운 적이 없기 때문에, 제가 놀이하듯이, 스스로 체험하듯이 할 수 있는데요. 작곡은 아무래도 오랫동안 해온 게 있으니까 안목이 있고, 제 안목이랑 제가 하고자 하는 방향이랑 밸런스를 맞추는 작업이 어렵더라고요. 그래서 오히려 작곡으로는 많이 활동하지 못하고 있어서 그 부분을 어떻게 풀어 나가야 할지 고민하고 있습니다."

백정미는 영락없는 마이너리티 아티스트이다. 부모의 강력한 경제자본과 문화자본을 물려받지도 못했고 명문예술대학교 출신도 아닌 여성 작곡가이다. 작곡을 전공했지만 음악 작업에 몰두하기보다는 융복합적인 퍼포먼스에 관심이 많다. 앞으로도 문화예술계에서 일하며 아주 큰돈을 벌 것 같지는 않은 청년 예술가이다. 예술 활동 장소도 극장이나 갤러리가 아니라 사회적 재단과 파국이 벌어지는 현장이다. 그녀는 예술의 사회적 실천을 위해 끊임없이 현장에서 활동하려는 청년 예술가이지만 정치적·이념적 신념에 따라 활동하는 소위 '운동권 예술가'와는 거리가 멀다. 자신의 활동에 자부심을 갖고 당당하지만 자랑하거나 내색하지 않는다. 타자를 향한 예술가로서의 자기 헌신이 강한 예술가이다. 마이너리티 아티스트로서 백정미 작가는 앞으로도 언제나 사회적 재난의 현장에 있을 것이다.

2장

내 방식대로 재미있게 살아요

모던 가야그머 **정민아**

가야금 연주자이자 싱어송라이터

우리 시대에 가야금 연주자는 많다. 각 유파를 대표해 인간문화재로 선정된 명인들부터 국악 관현악단 단원 소속이면서 솔리스트로 활동하는 연주자들, 다양한 국악 앙상블에서 팀원으로 활동하는 젊은 연주자들, 그리고 대학에서 가야금을 전공하는 대학생들에 이르기까지 대중적 국악기인 가야금을 연주하는 아티스트들은 넘쳐난다. 그러나 정민아처럼 홍대 클럽을 중심으로 동시대 인디음악과 오랫동안 함께 호흡하는 가야금 연주자는 흔치 않다. 또한 가야금이 대중적인 국악기이다 보니 국악의 대중화를 명분으로 서양의 팝음악을 연주하고, 퓨전국악의 유행을 타고, 정체성 없는 앙상블 그룹에 참여하는 가야금 연주자도 많다. 그러나 정민아처럼 가장 한국적인 음악 자원을 활용해서 현대적 사운드를 만들어 내는 연주자는 흔치 않다. 바로 이 흔치 않음의 음악적 가치와 그 수행의 일관성이 바로 가야금 연주자 정민아를 주목하는 이유이다.

가야금 연주자인 정민아는 국립국악고를 졸업하고 한양대학교에서 가야금을 전공하며 가장 전형적인 국악계 정규 코스를 밟았다. 그러나 대학 졸업 후 그의 음악 인생은 아주 낯선 길을 걷는다. 물론 졸업 후에 남들처럼 국악관현악단 단원으로 입단하기 위해 여러 번 지원서를 냈다 낙방하고, 숙명여대 대학원에 진학해 대표적인 퓨전가야금 앙상블 그룹인 '숙명가야금연주단'에서 잠시 활동한 이력이 있다. 가끔 전통적인 가야금 연주회나 국악계 지인들과 함께 산조 한바탕 연주도 한다. 그러나 그녀를 오늘의 연주자로 있게 한 바탕은 홍대 인디 클럽에서의 활동이었다. 펑크와 로큰롤이 지배하는 홍대 클럽에서 가야금으로 승부하겠다고 나선 것은 예사로운 결정이 아니었다. 더욱이 생계를 위해 낮에는 학습지 아르바이트에 전화 상담원으로 일하다가 밤에는 홍대 클럽에서 가야금을 연주하고 노래하던 이력은 통상 내가 아는 한국의 주류 가야금 연주자의 길과는 다른 세계에 있다. 그녀는 가야금 연주자로서 독립적으로 생존하기 위해 국악 연주자들에게는 익숙하지 않은 홍대 인디음악 영역에서 오랫동안 활동하고 있다.

물론 인디음악 신(scene)에서 활동하는 독특한 가야금 연주자로서 정민아는 나름대로 꽤 유명세를 타고 있다. 2006년 문예

진흥기금을 받고 제작한 《상사몽》이라는 앨범은 가야금 앨범으로는 이례적으로 1만 장 이상 팔렸다. 이 앨범으로 제5회 한국대중음악상에서 신인상 후보에 올랐고 수록곡 〈무엇이 되어〉는 재즈&크로스오버 노래 후보로 선정되기도 했다. 정민아는 이어 두 번째 창작 가야금 앨범 《잔상》(2010), 세 번째 앨범 《오아시스》(2011), 네 번째 앨범 《사람의 순간》(2014)까지 꾸준하게 음반을 발매하며 활동하고 있다. 1집 《상사몽》은 연주와 보컬을 겸하면서 창작 가야금의 대중음악적 폭을 넓히는 데 기여했다. 2집 《잔상》(殘像)은 데뷔 앨범 《상사몽》과는 다르게 몇몇 코러스를 제외하고는 모두 연주곡으로 구성되었다. 연주곡 스타일도 멜로디 라인이 분명했던 1집 곡과는 다르게 단순하고 반복적이며 때로는 실험적이기까지 하다. 가야금을 튕기고 뜯고 줄을 잡는 손의 스킬도 비교적 간결하고 냉정하다. 함께 연주한 베이시스트 서영도와의 협연으로 가야금의 화려한 스트로크(여러 줄을 내려치거나 올려치는 주법)나 깊게 주름 잡힌 농현(왼손으로 줄을 짚고 흔들어서 여러 가지 꾸밈음을 내는 기법)의 물결보다는 차분한 베이스 라인에 날개를 달기 위해 대단히 쿨하고 이지적으로 연주하려는 노력이 엿보인다.

정민아의 3집 《오아시스》는 자신의 솔직한 이야기가 많이 담겨 있다. "지긋지긋한 회사를 집어치우고/ 창업의 큰 뜻을 품고 만든 주먹밥/ 자유롭게 뮤지션의 본모습으로"라는 〈주먹밥〉 가사 일부처럼, 소위 '생계형 가야그머'로 오랫동안 살아온 파란

***

1집 앨범《상사몽》,
2집 앨범《잔상》,
3집 앨범《오아시스》,
4집 앨범《사람의 순간》.

만장 정민아의 일상과 희망을 잘 담아냈다. 《오아시스》는 정민아의 일상의 독백 같다. 고백담의 형식은 그다지 거창하지도 않고 대단히 미학적이지도 않다. 그러나 현재를 살아가는 젊은 사람이라면 한번은 공감할 수 있는 일상 에피소드를 가야금 선율에 담아 솔직하게 보여 주고 있다는 점에서 훨씬 친근하고 정감이 간다. 음반을 4장이나 내고 꾸준하게 활동하는 모습을 보면, 사실 이만큼 개인적인 연주 활동을 하는 가야금 아티스트가 있을까 할 정도로 열성적이다.

◉ **3집 《오아시스》**

"지긋지긋한 회사를 집어치우고/ 창업의 큰 뜻을 품고 만든 주먹밥/ 자유롭게 뮤지션의 본모습으로/ 창작에 전념하기 위해 만든 주먹밥"(〈주먹밥〉 중에서).

정민아의 3집 《오아시스》 네 번째 트랙에 실린 〈주먹밥〉 가사 일부다. 이 가사만큼 소위 '생계형 가야그머'로 오랫동안 살아온 파란만장 정민아의 일상과 희망을 잘 담은 구절도 없을 것이다. 어느 젊은 예술가의 주먹밥 장사는 큰돈 한번 쥐어 보기 위해서가 아니라 오로지 "뮤지션의 본모습으로", "창작에 전념하기 위해"서란다. 누군가에게는 혹여 숨기고 싶은 개인사일 수 있겠지만, 정민아는 아랑곳하지 않고 되레 투자비 고스란히 날린 가슴 아픈 이야기를 보사노바풍의 경쾌한 가야금 선율에 담아 노래한다. 고단한 일상 속에서 유쾌한 창작의 역설을 배우는 지혜의 자세가 바로 앨범 제목처럼, 현실이라는 사막에서 예술이라는 '오아시스'를 찾는 비결이다.

그래서 이 음반 장르를 굳이 표현하자면 '가야금 다큐멘터리'라고 해야 하지 않을까? 여기서 가야금은 고결한 자태를 버리고 그 주인의 파란만장한 젊은 날의 연대기를 생생한 선율로 노래하는 봄의 '오르골'이 된다. 재즈 베이시스트 서영도와 함께 만들었던 2집 《잔상》의 곡들이 내면에 움트는 창작의 진정성을 실험하기 위해 만들어졌다면, 3집 《오아시스》는 창작의 출발점이 되는 자신의 일상을 솔직하고 흥겹게 털어놓으려는 고백조의 선율을 담았다. 이 음반에 실린 곡들이 대부분 일상에서 벌어진 일들을 소재로 만들어졌고, 대체로 듣기 편한 멜로디로 구성된 것도 이와 무관하지 않다.

이번 음반에 실린 곡들은 크게 두 가지 범주로 나눌 수 있다. 하나는 앞서 설명했듯이 정민아 본인의 개인 일상사를 확인할 수 있는 작고 소박하지만 때로는 뭔가 애틋함이 배어 있는 곡들로 채워졌다. 다른 하나는 가야금 연주자로 활동하면서 틈틈

이 이런저런 일에 참여하면서 만든 것들로 채워졌다. 〈주먹밥〉, 〈고래공포증〉, 〈오아시스〉, 〈비밀〉, 〈은미 이야기〉가 첫 번째 범주에 해당된다면, 〈환타스틱〉, 〈예예예〉, 〈봄이다〉는 두 번째 범주에 해당된다. 첫 번째 트랙에 실린 〈여름날에 몽롱한〉은 양쪽 모두 포함된다.

《오아시스》는 정민아의 일상 고백담이다. 그 고백담의 형식은 그다지 거창하지도 않고 대단히 미학적이지도 않다. 하지만 현재를 살아가는 젊은 사람들이라면 한번쯤은 공감할 수 있는 일상의 에피소드를 가야금의 선율에 담아 솔직하게 보여 준다는 점에서 훨씬 친근하고 정감이 간다.

정민아는 현존하는 가야금 연주자 중에서 가장 '인디스럽다'. 홍대 인디음악 공간에서 활동하기 좋아해서 그렇기도 하겠지만 개인적 정서나 취향, 연주자로서 태도를 미루어 볼 때, 그녀의 운명은 영락없이 국악계의 인디스러움을 드러낼 수밖에 없다. 유파의 계보를 그다지 좋아하지 않고 자연스럽게 어울리기 좋아하며 항상 새로운 음악 장르들과 만나기 원하는 정민아의 가야금 세계는 그래서 자연스럽다. 그녀는 얼마 전 공연기획을 하는 신랑과 목하 연애 끝에 결혼을 하고 행복한 신혼생활을 보내고 있다.

세월호 사건과 일상의 변화

인디음악과 가야금과의 조우로 시작된 정민아의 연주생활은 홍대에서 활동하면서 자연스럽게 음악이 사회에 미치는 영향과 역할에 대해 체감하기 시작했다. 그녀는 알게 모르게 지난 10년 넘게 어렵고 힘든 사람들을 위한 자기만의 음악적 연대활동을 했다. 그녀는 세월호 재난 이후에 좀 더 적극적으로 사회 연대 활동에 참여했다. 세월호 재난의 아픔을 시민들과 함께하기 위해 뮤지션 사이와 함께 홍대에서 1인 시위와 버스킹 공연을 진행하였고, 세월호 1주년을 추모하는 앨범 《다시, 봄》을 공동으로 기획하였다. 세월호 재난 현장에 적극적으로 참여한 후에는 적지 않은 시련이 왔다. 세월호 재난에 참여하는 가야금 연주자로 언론에 알려지면서 국공립 단체에서 주관하는 공연 프로그램 섭외가 중단되었고, 이런저런 활동에 제약이 있다는 것을 실감하였다. 박근혜 정부 들어 사회참여 활동을 하는 예술가들이 공공연하게 불이익을 받았다는 것은 익히 알려져 있다. 그녀 역시 세월호 문제를 적극적으로 세상에 알렸다는 것 때문에 불이익을 받았던 것이다. 박근혜 정부가 문화예술계 블랙리스트를 만들어 지원을 배제했던 사건이 정권 말기에 만천하에 드러났는데, 정민아도 전형적인 블랙리스트의 희생자였던 셈이다. 정민아와의 인터뷰에서 근황을 묻는 첫 질문의 답변도 자연스럽게 세월호 이후 연주 활동의 변화에 관한 것이었다.

***

세월호 광화문 1인 시위 현장.

"2014년 겨울이 지나면서부터 보릿고개가 왔어요. 세월호 1인 시위 이후로 극렬하게 달라진 것은 아니지만, 점차적으로 국립 단체 행사가 많이 줄었어요. 특히 국악원의 경우 1인 시위를 한 뒤에 '다담' 콘서트가 예정되어 있었어요. 그런데 공연 자체는 놔두고 제 순서만 취소가 되었거든요. 그 이후에는 (섭외가) 하나도 안 들어왔어요. 그런 식으로 행사가 줄어들었고, 그 대신 집회를 더 나갔고요. (웃음) 지금은 사실 경제적인 부분은 예전보다 조금 안 좋아졌어요. 대신, 얼마 전에 '음탕' 공연처럼, 다양한 분야를 생각해 볼 기회가 더 많아졌고요. 공연은 그런 식으로 하고 있어요. 음악은 절친인 혜리하고 같이 하는 프로젝트, 연주 음악 쪽으로 기획하는 게 있는데요. 그 밑작업 하는 중이고요. 유준상 씨가 본인의 음반을 만들 때, 국악기가 필요하다고 해서 같이 하려는 게 있어요. 그 음반 편곡 작업 3곡 정도 하고 있어요."

정민아는 국공립 단체가 출연에 불이익을 주는 상황이 직접적이고 노골적이지는 않지만 피부로 체감할 수 있는 정도라고 말한다. 국립국악원이 주최한 '다담'이라는 공연 때도 세월호 사건 때문에 프로그램을 축소해야 한다고 통보를 받았는데, 정작 축소된 것은 자신의 공연밖에 없었다는 것이다. 공식적으로는 확인할 수 없었지만 자신의 공연만 취소된 것을 알고 난 뒤로는 그 이유가 세월호 관련하여 적극적으로 활동한 것 때문이라는 확신이 들었다. 비록 인디음악 현장에서 활동했지만 지난

10년간 국립국악원과 국립극장 등 국공립 단체 공연에 꾸준하게 참여했던 점을 고려해 보면, 세월호 재난 현장에 참여한 자신에게 불이익을 주었다고 볼 수밖에 없었다. 이는 그 후에 밝혀졌다시피, 비단 정민아만의 문제는 아니었고, 세월호, 쌍용자동차, 용산 등 시국사건에 참여하고, 진보적인 정치인을 지지한 수천 명의 예술가와 단체들을 배제했던 블랙리스트 사건의 한 사례였다.

정민아는 그럼에도 이 상황이 자신의 활동을 크게 위축시키는 제약으로 작용하지는 않는다고 말한다. 물론 경제적으로 힘들어진 것은 사실이지만 그렇다고 대놓고 어필하고 싶은 마음은 없다. 치사해지기 싫은 것도 있고 본래 자신의 활동은 자유롭기 때문에 상황에 맞게 충분히 살 수 있다는 생각은 크게 바뀌지 않았다고 한다. 다만 생활이 어렵다고 해서 세월호 참여 행동을 후회한다거나 생계를 위해 그만두거나 하는 일은 없을 거라는 말도 곁들였다. 그녀는 생계와 활동을 위해 한국예술인복지재단에서 진행하는 파견예술인 지원 사업에 참여해 여성 전문 홈쇼핑 회사에서 SNS 홍보 업무를 담당하기도 했다.

정민아도 생계를 위한 예술 활동, 예술을 위한 생계 활동을 분리해서 살고 있다. 사회참여에 관심이 많은 예술가들의 '삶'과 '예술'이 분리되어 있다는 공통된 사실을 발견할 수 있는 상황이다. 이런 예술가들은 생계 활동, 무대예술 활동, 사회참여예술 활동이 모두 분리되는 경우가 많은 편이다. 다소 진부한 질문일 수 있지만, 사회적 재난 현장과 무대에서 연주할 때 연주자로서 서로 다른 느낌이 드는지를 물어보았다. 그녀는 이렇게 대답했다.

> "예를 들어 집회 현장이나 젠트리피케이션 현장이나 그런 곳은 다르죠, 당연히. 선곡도 달라지고 임하는 자세도 좀 다르고요. 무대에서 만나는 관객은 엄혹한 사회 현실을 느끼려고 오는 게 아니라, 자신의 돈을 들여서 위로나 여가를 즐기려고 오시는 거잖아요. 분명히 목적이 다르지요. 그래서 멘트나 선곡이나 그런 것이 모두 달라지는 것 같아요. 공연의 목적에 따라서요."

재난 현장에서 연주는 상황에 공감과 감정이입이 많이 되는 편이다. 세월호 유가족이 있는 현장에서는 무대에서 연주할 때와 감정 상태가 다를 수밖에 없다. 연주자는 그런 점에서 재난 당사자들 감정과 동일시된다. 예를 들어 그녀는 "세월호 유가족 앞에서는 딸을 가진 엄마의 마음으로 생각할 수도 있고, 딸의 마음으로 생각할 수도 있다"고 한다. "쫓겨나는 상인들 앞에서는 전 재산을 투자했는데 당장 내일 쫓겨나야 한다는 마음이 분명히 들기 때문에" 현장 당사자의 감정과 자연스럽게 소통하며 공연한다. 사실 연주하는 아티스트가 사회적 재난 현장에 참여하여 피해 당사자들과 감정을 공유한다는 것은 쉬운 문제가 아니다. 무대와 객석이라는 물리적 미학적 거리가 존재하는 공연장에서의 연주와는 다르게, 현장에서의 연주는 연주자들에게 감정의 몰입과 공감에 있어 많은 부담감을 주는 것이 사실이다. 특히 아티스트는 예술밖에 모른다는 생각이 일반화된 우리 현실에서 아주 보수적인 국악계에 속한 아티스트가 자신의 연주로 사회적 발언을 하거나 재난 현장에 있는 사람들과 고통을 함께 나눈다는 것은 매우 이례적인 일이다. 용산참사부터 쌍용자동차, 강정해군기지 반대운동, 밀양송전탑건설 반대운동, 그리고 세월호 사건과 블랙리스트 사태에 이르기까지 많은 재난 현장에 인디음악가나 미술가, 사진작가와 영화감독 들의 참여가 활발한 것에 비해 국악인들의 참여는 상대적으로 부족한 것이 현실이다. 다른 예술 장르에 비해 상대적으로 사회 현실에 무감한 국악계를 어떻게 생각하는지 정민아에게 물어보았다. 의외로 국악인들도 실제로는 사회참여에 관심이 많다고 답했다.

"그렇지 않아요. 어떤 선입견이 있어서 섭외하지 않았기 때문에 안 오는 거 같아요. 세월호 얘기를 하면 대부분 같이 분노하고 그래요. 제가 아는 국악인들이 거의 방향성이 같아서 그런지는 모르겠지만요. 메이저에 있는 국악인을 다 아는 건 아니니까요. 예를 들어 KBS 국악관현악단 단원인 한충은 선배 같은 경우도 팽목항에 많이 왔고요. 저번에 남산 국악당에서도 세월호 관련한 공연을 했는데, 그때 밴드 '잠비나이'와 국악연주가 '고래야'도 흔쾌히 와 주었어요. 소나기 프로젝트 장재효 같은 경

***
진도 팽목항 기다림의 문화제.

우도 페이스북에 많이 어필하셨고요. 제가 세월호 1인 시위 이후로 약간 집중조명을 받아서 그렇지, 국악인들도 대부분 어느 정도 마음을 갖고 있는 것 같아요."

2015년 10월에 국립국악원이 주최한 '금요공감'에서 젊은 국악그룹 앙상블 시나위와 극단 골목길의 '소월산천' 공연이 갑자기 취소된 사태가 있었다. 국악계가 이 문제를 침묵한 상황도 국악인들이 사회참여에 무관심해 보이는 것과 같은 맥락으로 보인다. 당시 소월산천 공연이 갑자기 취소된 사태는 박근혜 정부에서 지속적으로 일어났던 예술 검열의 연장선상으로 볼 수 있다. 그런데 국악계에서는 별다른 문제 제기가 없었던 반면에 금요공감의 다른 프로그램에 출연 예정이었던 안무가 정영두가 반발하여 국악원 앞에서 1인 시위를 하고, 세종시 문화체육관광부 청사에서 1인 시위를 하는 일이 있었다. 국악인이 아닌 정영두가 항의한 것은 국악계의 보수적인 문화를 그대로 보여 준다. 정민아는 국악계의 침묵은 국악인이 대부분 공공기관이나 학교, 계보에 얽매어 보복과 피해를 두려워하기 때문일 것이라고 말한다.

"피해를 받을까 봐 그런 거겠죠. 저 같은 경우는 적을 두고 있지 않잖아요. 그러다 보니 조금 더 자연스러운 거고요. 소속된 곳이 있는 사람들은 자기 생활과 밀접하게 관련되어 있으니

행동하기가 쉽지 않죠. 거기서 잘린다든지 더 이상 일을 받을 수 없다든지 하는 건 되게 중요한 문제니까요. 그래서 내부 고발자가 나오기가 힘들잖아요. 예를 들어 제 친구가 국악원에 있다면, 그 친구가 비록 사회문제에 분노하더라도 당장 애를 키우고 살아야 하니까 직장에서 해고될지 모르는 발언을 강요할 수는 없단 말이에요. 너 왜 이런 말 안하냐고 추궁할 수도 없고요. 저는 특화된 사람이었던 거죠. 거기에 맞게. 그래서 가능했던 거죠."

◉ 앙상블 시나위 사태

2015년 10월 초, 국립국악원 풍류사랑방은 금요공감 프로그램으로 앙상블 시나위의 연주에 시인 김소월의 생애와 시 낭독을 곁들인 '소월산천'이라는 융합공연을 올릴 계획이었으나 석연치 않은 이유로 돌연 취소하였다. 국립국악원 측은 공연 2주 전 앙상블 시나위 측에 극단 골목길의 박근형 연출가와의 협업을 배제해 달라고 요청했으나 앙상블 시나위는 이 요청을 거절하고 공연 거부 의사를 밝혔다. 공연 배제 당사자는 2년 전에 연출한 연극 〈개구리〉가 박정희 대통령을 비하했다는 이유로 올해 한국문화예술위원회가 진행하는 창작산실 지원 사업에 선정된 후 자진사퇴를 강요받은 연출가 박근형이었다. 앙상블 시나위 공연 취소로 예정된 프로그램은 모두 취소되고 금요공감은 국립국악원 단원들 중심으로 대체되었다. 당초 금요공감은 국악과 다른 예술 장르 간의 만남으로 기획된 공연이었으나 국립국악원 측은 풍류사랑방이 연극 공연을 하기에는 적절하지 않다는 이유로 박근형 연출가가 참여한 극단 골목길의 연기 부분을 배제해 달라고 요구한 것이다. 이에 대해 금요공감의 다른 공연에 설 예정이었던 안무가 정영두는 자신의 공연을 보이콧 하고 예술 검열에 항의하는 1인 시위를 벌였다.

국악계의 구별 짓기와 소수자의 삶

국악계의 연주자들이 단지 생계만의 문제로 앙상블 시나위의 '소월산천' 공연 취소 사태에 침묵한 것은 아니다. 국악계의 침묵은 사실 오랜 시간 학연과 지연, 계파와 계보로 단단하게 굳어진 권력의 위계질서가 작용한 탓이다. 출신 학교별로, 배우는 스승의 계보별로, 위계화된 국악계는 개인 연주자가 독단적으로 자신의 불만을 행동으로 표시하거나 사회적 문제에 적극적으로 나서기가 쉽지 않다. 정민아도 국악계의 주류와 비주류의

***

일본 위안부 문제 해결을 위한 수요집회 현장.

장을 동시에 경험한 사람이다.

정민아는 어릴 적에 한국무용을 배우다 초등학교 4학년 때 교통사고가 나서 무용을 포기했다. 한국무용과 함께 배우려고 구입한 가야금을 가지고 있다가 중학교 2학년 때, 동네에 가야금 교습소가 생기면서 본격적으로 배웠다. 일반 중학교를 다니다가 국악고등학교에 진학하였는데, 국악고등학교는 신입생의 80퍼센트 이상이 국악중학교에서 올라오기 때문에 국악중 출신이 아닌 정민아는 입학부터 약간의 따돌림을 받았다고 한다. 집이 안양이라서 통학을 했는데, 대부분 강남에 사는 친구들과 소득격차가 많이 난다는 것을 그때 알았다. 정민아는 고등학교 재학 시절에 두 번 충격을 받았다. 첫 번째 충격은 국악중학교 출신들에게 따돌림을 받고 있다고 느꼈을 때였고, 두 번째 충격은 자신과 친구들 사이의 경제적 소득격차가 상당하다는 것을 느꼈을 때였다.

"제가 모르는 식당에 가는 아이들… 패밀리 레스토랑에 빈번하게 가는 것이 저는 낯설었어요. 국악고등학교의 문화라기보다는 소위 강남 8학군에 있었던 아이들에게 받은 느낌이었고요. 지나고 보니까, 다 잘사는 애들이었어요. 절반 이상은 꽤 사는 애들이었던 것 같아요. 그런 점이 문화 충격이었죠."

고등학교 안에서 출신 중학교와 부모의 경제적 능력을 두고 일종의 구별 짓기가 구조화된 것이다. 국악계의 구별 짓기는 자신의 학력자본, 부모들의 경제자본, 그리고 국악계 집안이라는 혈통자본에 의해 이루어진다. 정민아는 일반 중학교 출신으로 국악고등학교를 나와 한양대학교에 갔기 때문에 이른바 '국악중-국악고-서울대'라는 최고 학력자본을 보유하지 못했다. 그뿐 아니라 집안도 부유하지도 않았고 강남 지역 출신도 아니다. 부모가 국악계 명인 집안이 아닌 것은 말할 것도 없다. 국악계에서 정민아는 학력자본, 경제자본, 혈통자본을 모두 소유하지 못한 일반인에 해당한다. 인문고 출신의 국악 전공자에 비해서는 국악고와 한양대학교라는 좋은 학력자본을 보유했긴 하지만, 이것만으로는 국악계 주류로 진입하는 것이 쉽지 않다. 그녀는 자신의 연주 능력이 최상이라고 생각했다. 고등학생 시절 한밭가야금대회에서 대상을 탔고 대학에서도 전공실기는 항상 1등이었다. 하지만 큰 규모의 국악경연대회나 국악관현악단 입단 시험에는 번번히 떨어졌다. 큰 대회 1등은 항상 유명한 연주자 출신의 부모를 가진 친구의 차지였다. 그래도 대학을 졸업하고 열심히 연습하면, 자신도 국악판에서 선생님 소리를 들으며 활동할 수 있을 거라고 생각했다. 그러나 대학 졸업 후에 국립국악원을 포함해 각종 국악 관현악단에서 여덟 번 정도 낙방하면서 좌절했고, 아무리 해도 안 된다는 걸 알게 되었다. 국악 관현악단에서 연거푸 낙방한 트라우마 때문에 가끔 관련한 꿈까지 꾼다.

홍대 인디 신에서의 생존기

정민아가 활동 본거지를 홍대 쪽으로 선택한 것도 처음부터 인디문화 감수성이 투철해서라기보다는 일종의 생존을 위해 새로운 환경에 적응하려는 의지였다. 그녀는 음악적 내면에 국악 이외에도 록이나 크로스오버 음악 감수성이 있었다고 한다. 고등학교 시절에도 국악과 록을 접목한 어어부 프로젝트와 같은 밴드의 공연을 보러 홍대에 자주 찾아갔다. 홍대 인디 신에서 가야금 연주 활동을 시작한 것은 2005년이다. 시작한 계기가 궁금해서 물어보았다.

"홍대 쫓아다니는 록키즈로 살게 된 건, 원일 선생님이 하신 밴드 어어부 프로젝트 때문이에요. 고등학생 때 홍대에 그걸 보러 놀러 갔던 거예요. 교복을 입고요. 어어부 프로젝트가 공연하면 앞뒤 팀이 있잖아요. 그 팀들에 영향을 받아서 다른 걸 보러 가고, 또 다른 걸 보러 가고, 그러면서 홍대에 다양한 공연을 할 수 있는 공간과 음악이 있다는 걸 알게 되었죠. 그러면서 더 좋아했어요. 그리고 2001년에 졸업하고 대학원에 다니다가 2002년쯤 휴학을 했거든요. 그때 2-3년간 계속 낙방을 했어요. 공연을 좀 하고 싶어서 제가 좋아하는 클럽들 위주로 공연을 의뢰하게 된 거예요."

밴드들이 연주하는 클럽에서 국악을 연주할 수 있을 거라고 처음부터 생각한 것은 아니다. 처음에는 홍대가 아니라 자신이 카운터 아르바이트를 했던 안양에 있는 작은 클럽이었다. 클럽 사장님이 영업을 하지 않는 시간에 그곳을 무료로 연습실로 사용하게 해주었다. 그런데 가야금 소리를 듣고는 한 번 무대에서 연주할 수 있겠냐고 제안을 하셨다. 용기 내서 클럽에서 연주를 시작했다. 처음에는 산조를 했고 다음에는 황병기 선생님의 〈춘설〉, 박범훈 선생님의 〈가야송〉 같은 창작곡을 했다. 정기적으로 무대에서 연주하다가 자작곡이 없으면 인디무대에 설 자격이 안 된다는 것을 알게 되었다. 그래서 자연스럽게 곡을 쓰기 시작했다. 그러고는 본격적으로 홍대에서도 할 수 있는지 자신이 아는 클럽에 가서 요청을 했다. 당시에는 홍대 클럽에서 국악을 연주한 경우가 거의 없었지만, 정민아는 아는 클럽에 가서 적극적으로 요청을 했다. 처음에는 카페나 갤러리에서 연주를 하다가 나중에서 추천을 받아 클럽 '빵', '잼', '살롱 바다비' 등으로 연주 기회를 넓혀 나갔다.

정민아의 음악 여정은 10년 전만 해도 주류 국악계에 정착했다고 보기 어렵다. 그러나 지금은 국악 전공자들이 꼭 국악 무대에만 서지 않는다. 새로운 실험을 시도하려는 젊은 국악인들은 록, 재즈, 힙합 일렉트로닉 등과 융합하는 공연을 많이 하고 있다. '잠비나이', '고래야', '억스', '신노이', '동양고주파' 등 젊은 국악인들이 시도하는 융합적인 최근 활동들은 국악의 새로

***

홍대 인디 클럽 연주.

***

홍대 클럽 '살롱 바다비'에서 연주.

운 대안이 되기도 한다. 정민아도 재즈 베이시스트인 서영도와 오랫동안 같이 작업했다. 연주 활동의 기반을 홍대 인디 클럽으로 정하면서 정민아는 국악의 새로운 영역을 개척한 앞선 세대의 한 명으로, 마이너리티 아티스트로서의 정체성이 더욱 분명해진 셈이다. 국악계나 인디 신 모두에서 일종의 비주류 아티스트로서 활동하는 자신의 삶을 어떻게 생각하고 있을까?

"클럽에서 연주할 때는 한 번도 국악계에서 마이너리티라고 생각한 적이 없어요. 국악계에 있다는 생각조차 해본 적이 없으니까요. 요즘에는 숙명여대 대학원에 복학하면서 국악 산조를 좀 더 해봐야지 이러고 있는데, 그 전까지는 내가 하는 음악도 국악이라고 생각해 본 적이 없었던 것 같아요. 그냥, 국악기를 사용한 포크 음악을 하는 거랄까. 어쨌거나 대중이 보기에는 국악기 하나만 들어가도 국악이라고 보거든요. 그렇게 말하면 그런가 보다 할 뿐이지요. 저 스스로는 국악계에 소속되어 있다고 생각해 본 적이 없어요. 그냥 인디에 있다고 생각해요."

자신의 음악적 정체성이 인디 뮤지션이라고 해서, 인디 신이 가야금을 연주하는 자신을 무조건 호의적으로 받아 주지는 않았다고 한다. 밴드 하는 친구들이 '재는 국악 하는 아이'라며 신기하게 바라볼 정도였다고 한다. 정민아는 남이 알아주지 않아도 꾸준하게 10년쯤 이 바닥에서 연주하면 유명해지겠지 하며 연주에만 전념했다. 10년이 지난 지금, 그녀는 인디 신에서는 가야금 연주자로 잘 알려져 있다. 하지만 생각한 만큼 유명해지지는 않았다.

정민아는 얼마 전까지 홍대 씨클라우드에 정착하여 연주자가 아닌 공연 기획자로 본격적으로 활동했다. 그 전까지는 클럽을 다니며 연주했는데, 씨클라우드의 공연 기획을 맡은 뒤로는 다른 클럽에서 연주하지 않았다. 처음에는 친구들 공연 위주로 무대를 꾸몄는데, 하다 보니 클럽주와 공연자들 사이에 소통이 잘 안 되는 걸 알게 되었다. 이후 공연 기획 일을 잠시 놓고, 누구나 신청하면 15분간 공연할 수 있는 '오픈 마이크'를 진행했다. 공연뿐 아니라 시낭독회도 하고 독립영화 상영회도 했다. 씨클라우드는 정민아가 홍대 인디 신에서 활동하는 데 있어 그만의 작업실이자 놀이터였던 셈이다.

생계형 노동과 마이너리티 아티스트의 생성

연주자와 기획자로 안정적인 활동을 하기 전까지 정민아는 연주 활동을 위해 생계형 일들을 해야 했다. 언급했듯이 3집 《오아시스》는 생계형 가야금 연주자인 정민아의 일상을 고스란히 보여 준다. 가야금 연주자로 활동하며 생계를 위해 닥치는 대로 돈을 버는 생활을 병행하는 건 쉬운 일이 아님이 분명하다. 혹시 아르바이트가 너무 힘들어서 육체적으로나 정신적으로 스트레스를 받지 않았는지 기억을 되살려 말해 달라고 했다.

"이제 과거형이 되었네요. 2006년 말에 데뷔 앨범《상사몽》이 나왔고요. 2007년에 미디어에 소개되면서 1집 앨범이 많이 팔렸습니다. 그때까지 전화 상담원을 했었거든요. 다행히 1집 앨범이 잘 되어서 갑자기 방송과 같은 활동이 많이 잡히니까, 전화 상담원 일을 계속할 수가 없었습니다. 그만두고 그 뒤로 1년 정도는 음악이랑 공연으로 먹고살 수 있었어요. 하지만 새 앨범을 준비하기까지 고정 수입이 없으니까 다시 생활이 어려워지더라고요. 그래서 2008년에서 2009년 즈음에 주먹밥을 잠깐 팔았죠. 목이 좋은 자리에서 장사하면 잘될 거 같았는데, 잘 안 풀렸어요. 솔직히 망했습니다. 그 이야기는 3집《오아시스》에 〈주먹밥〉이라는 노래에 나와 있습니다. 아르바이트를 하면서 작업을 한다는 건 사실 불가능한 일인 것 같아요."

데뷔 앨범《상사몽》만들 때는 몸이 무척 힘들었다고 한다. 낮에는 전화 상담원으로 일하고 밤에는 녹음실에서 거의 밤을 새다시피 작업하는 일이 반복되었다. 음반 녹음하는 기간이 꽤 길어져서 두 달 넘게 직장과 녹음실을 전전했다. 당시엔 너무 힘들어서 삶이 피폐했는데, 돌아보니 그나마 처음 음반을 만들어 보겠다는 열정과 젊은 혈기가 가득했던 것 같다. 정민아는 생계형 일과 음악 작업을 병행하는 게 생각보다 쉽지 않다는 걸 절감했다. 지금도 먹고살기 어려우면 당연히 아르바이트를 할 테지만 이제는 음악 활동과 무관한 생계형 일들은 하고 싶지 않다. 조금이라도 음악과 관련 있는 일을 선택할 것 같다. 그럼 지금은 어떻게 생활비를 벌고 있는지 궁금했다.

요즘 정민아의 주 수입원은 공연이다. 그다음이 저작권료이고 어쩌다 들어오는 강의 같은 것도 있다. 사치를 부리지 않는 이상은 먹고살 수 있는 수준이다. 한 달 수입이 얼마나 되는지 직설적으로 물어보았는데, 매달 천차만별이지만 평균으로 따지면 자기 또래 일반 직장 여성의 월급 정도는 된다고 한다. 전화 상담원으로 일했을 때보다는 많이 버는 수준으로 혼자 생활하는 데는 큰 지장이 없다. 사실 국악관현악단 단원으로 있거나 전문적으로 입시 레슨을 하지 않고 정민아처럼 연주 활동을 하면서 그나마 안정적으로 생활할 수 있는 연주자는 많지 않다. 입시와 계보의 굴레에서 한결 자유로운 연주자로 살고 있는 그녀의 삶의 만족도는 생각보다 높은 편이었다. 그녀에게 마이너리티 아티스트라는 의미는 주류 국악 신에서 벗어나 자신이 스스로 결정하는 자유로운 음악 활동을 하는 것에 있지 않을까 싶다. 본인은 마이너리티 아티스트라고 생각하는지, 혹시 마이너리티 아티스트는 누구라고 생각하는지를 물어보았다.

"마이너리티 아티스트라는 게 저에게 맞는지 모르겠어

요. 독립 예술가는 맞는 것 같거든요. 저는 스스로 원하는 영향 말고는 특별히 영향을 받는 게 없는 것 같아요. 외부적으로 저를 제압할 만한 요소가 없어요. 일단 소속사가 없고 단체에 소속되지도 않았고 뮤지션 유니온 소속도 아니에요. 당적 이런 것도 없고요. 그러니까 눈치 볼 게 거의 없어요. 그래서 '마이너리티'라기보다 '독립 예술가'라고 볼 수 있을 것 같아요. 그걸 어떻게 표현해야 할지 잘 모르겠는데요."

마이너리티 아티스트는 두 가지 의미를 가진다. 하나는 말 그대로 '소수자'를 원하지 않았지만 사회에 의해, 또는 무엇에 의해 배제당하고 통제당하면서 아웃사이더로 몰리게 되어 어쩔 수 없이 소수자가 된 경우이다. 이런 경우 배제된 주체로서의 소수자로 정의할 수 있다. 다른 하나는 그런 것에 신경 쓰지 않고, 자신을 통제하거나 자신이 배제되었거나 이런 생각 없이 자기 마음대로 하는, 철학적으로 말하면 '생성'(becoming)에 해당되는 예술가로 정의할 수 있다. 어떤 근본이나 본질을 상정하지 않고 상황에 따라 자기 마음대로 유목민처럼 활동하는 예술가가 마이너리티 아티스트이다. 정민아는 자신이 마이너리티 아티스트라면 배제와 생성의 두 가지 의미를 모두 가지고 있다고 말했다. 주류 국악계에서 배제되었다가 그 상황을 인식하고 그 대안으로서 인디음악 신으로 음악적 활동을 이전했기 때문이다. 자신을 배제되어서 생성된 아티스트라고 정의하였다.

"처음에 저는 분명히 계단식 엘리트 코스 안에 있었어요. 그 안에서 많은 걸 느꼈지만 일부러 벗어나려고 한 적은 없었어요. 하지만 인맥과 돈이 없었기 때문에 주류에서 벗어날 수밖에 없었고요. 그렇게 자연스럽게 배제가 되었죠. 그러다가 저도 먹고살 길을 찾아야 하니 공연 좀 해봐야지 하다가 생성이 되었어요. 전혀 의존적이지 않게 생성이 된 거죠. 저의 성향 중에 분명히 보수 기질이 있었어요. 일부러 내뱉지 않는, 침묵하는 성향이 이전에는 분명히 있었거든요. 그런데 생성이 다른 방향으로 되다 보니 다른 성향들이 더 발달한 것 같아요. 마치 다 똑같은 세포인데 얘는 눈이 되고 얘는 입이 되고 그런 것처럼 말이에요."

마이너리티 아티스트로서 최근 예술노동과 예술행동을 물어보았다. 최근 정부나 서울시에서 청년 예술가를 위한 일자리와 복지 제도를 늘리는 정책을 말하고, 예술가들도 예술인 복지에 대해 목소리를 높이고 있다. 다른 한편으로는 세월호를 비롯해 예술이 사회적 재난 현장에서 할 일이 많아지기도 했다. 예술복지와 예술행동은 마이너리티 아티스트들에게 중요한 예술 활동의 장소이다. 예술행동과 예술복지라는 두 가지 활동 영역이 있다면, 어느 쪽에 본인은 더 가까운지를 물어보았다. 정민아 자신은 예술행동 쪽에 가깝지만, 예술가의 권리를 찾는 차원에서는 모두 중요하다고 말한다. 예술행동이 사회의 아픔을 가진 사람을 위한 예술가의 노력이라고 봤을 때 이는 예술가 스스로 어려운 환경을 개선하기 위한 권리 찾기와 결국 같은 맥락이기 때문이다. 정민아는 이 둘의 관계가 뗄 수 없는 관계라고 말한다.

"예술행동과 예술복지는 뗄 수 없는 관계 같아요. 예를 들어, 세월호 사건 이후 '다담' 공연이 취소됐을 때, 주최 측의 일방적인 취소인 경우 공연비의 절반은 배상을 해야 될 것 같다고 요구해서 결국 받았어요. 그 뒤에도 출판사 관련 공연이 일방적으로 취소된 적이 있었어요. 그건 소송까지 갔고요. 그때 예술인복지재단에 자문을 구했죠. 그랬더니 지원해 주겠다고 해서 소송을 걸어서 공연비 절반을 받았어요. 그런 일들이 지금 생각나네요. 그때도 페이스북으로 사건을 알렸어요. '다담'의 경우에는 노출하기 애매해서 하지 않았고, 출판사 관련 건은 알렸어요. 이렇게 구제할 방법이 있다고 알려야 할 것 같았어요. 보통은 주최 측에서 일방적으로 취소해도 취소가 됐네 하고 말거든요. 그런 식으로 대응하니까 예술가는 공연 잡아 놓고 3일 전에 취소해도 아무렇지 않게 생각해요. 그래서 제가 앞장선다기보다는 내 이야기를 노출시키는 식으로 알리는 거죠."

그녀의 예술과 삶은 진행형

인터뷰 말미에 장기적인 활동 계획을 물어보았다. 구체적인 계획이 없다는 답이 돌아왔다. "인생 계획도 없고 아무 계획도 없어요. 뭐가 되겠다 하는 장기적인 생각도 없어요."

하지만 조금 구체적으로 질문하니 계획이 아예 없는 것은 아니었다. 거대한 계획이나 뭔가 큰 그림을 구상하는 계획이 없을 뿐이지, 자유로운 상태에서 하고 싶은 일들은 여전히 많은 것 같았다. 그녀는 요즘 산조와 일렉트로닉을 접목하는 프로젝트(ESP: Electronic Sanjo Project)에 큰 관심을 가지고 다양한 사람들과 작업하고 있다. 2019년 8월 25일에는 홍대 부근 '생기스튜디오'에서 '모던 일렉트로닉 산조'라는 타이틀로 공연하기도 했다. 그 작업의 결실로 내년에 음반 발매를 준비하고 있다. 내년부터 '모던 가야그머'라는 이름과 함께 '초능력 전자 가야그머'의 위력을 본격적으로 보여 줄 심산이다.

정민아는 현재 가야금으로 인디 신에 중요한 연주자로 활동하고 있다. 최근에는 국악계 명인들과도 연주를 같이하고 활동의 폭을 넓히고 있다. 또한 인생의 평생 반려자를 만나 행복한 시절을 보내고 있다. 나이 들면서 교육에도 관심이 많이 간다. 그러다 보니 가야금과 대중음악이 접목할 수 있는 커리큘럼을 만들고 싶은 마음이 생겼다.

"지금 교육 과정에는 가야금과 실용음악과의 접점, 다시 말해 가야금을 대중음악에 활용하는 내용은 전혀 없거든요. 가

***
홍대 클럽 '씨클라우드'에서 연주.

야금뿐 아니라 국악기가 대중음악 쪽으로 침범할 좋은 시기라고 생각해요. 에스닉(ethnic)한 악기들이 대중음악에 많이 사용되잖아요. 아코디언, 아일랜드 휘슬, 그런 것이 많이 쓰이고, 피들 같은 것들의 느낌도 많이 살리잖아요. 제가 부족해서 그렇지, 그걸 멋지게 연주하는 연주자만 있다면 사람들이 가져가서 쓸 것 같아요. 그런 기반을 마련하는 교재를 만들면 좋겠다, 그런 생각을 했어요."

한편으로 자신이 여전히 산조 연주에 관심이 있다는 것을 알게 되었다. 자신의 뿌리가 국악에 있음을 마음에서 놓지 않은 듯했다. 다만 정통 산조보다는 새로운 형식의 산조를 연주하고 싶다는 소망이 있다.

"오늘도 산조 한바탕 하고 왔거든요. 집에서요. 저에게 태생인 거죠, 전통은. 가야금이 가장 잘 낼 수 있는 소리는 산조 연주할 때 나와요. 재즈를 한다고 했을 때 가야금으로 재즈를 잘 하는 게 아니라 가야금 소리를 잘 내면서 재즈를 건드리는 게 훨씬 좋은 것 같아요. 전통을 생각하는 마음은 계속 있어요. 같이 활동하는 세션 중에 디제이 친구가 있어요. 그 친구와 뭘 좀 만들어 보자, EDM 같은 걸 산조로 해보자, 그런 얘기를 많이 해요. 언젠가 할 것 같아요."

마이너리티 아티스트로서 정민아는 진행형이다. 본인의 생계가 크게 나아질 것도 없고 국악계의 주류에서 자신의 존재를 과시할 것 같지도 않다. 여전히 그녀는 국악과 인디음악의 경계에서 자신이 하고 싶은 일을 하면서 살아갈 것 같다. 배제되어서 생성된 예술과 삶을 살고 있는 인디 가야그머 정민아는 앞으로도 소수자적인 예술가로서 정체성을 버리지 않을 것이다.

3장

재난 현장에서 예술을 발견합니다

조각가 **나규환**

“내 일상의 이야기이자 시대의 이야기가 내 작품 소재이다. 한번은 현장 작업을 모아서 보여 주고 반응을 듣고 싶은 욕심이 있었다. 형식주의에 얽매인 비판적인 시선이 없는 건 아니지만, 멈추지 않는 나만의 작품을 하고 싶다.”

조각가 나규환. 그가 2012년 12월 부산민주공원에서 열린 첫 번째 전시회 〈인간〉전에서 어느 언론과의 인터뷰에서 한 말이다. 그는 흔히 말하는 ‘파견예술가’ 그룹에 속한다. 서울 용산 철거민 농성장, 부산 한진중공업 파업 현장, 제주 강정마을 같은 사회적 재난 현장에 예술행동이 필요하다고 부르면 달려가는 파견예술가이다. 시인 송경동, 사진작가 노순택, 정택용, 판화가 이윤엽, 문화운동가 신유아, 조각가 전미영, 화가 전진영 등과 함께 2000년대 이후 한국 사회의 굵직한 재난 현장에서 예술행동가로 활동해 왔다. 첫 개인전은 그동안 파견예술가로서 현장에서 작업한 작품들을 모아 전시한 만큼 인터뷰 내용대로 그의 일상 이야기이자 현장 이야기이다.

◉ 나규환 개인전 〈인간〉

나규환의 첫 개인전 〈인간〉은 2012년 12월 22일부터 2013년 1월 20일까지 부산민주공원에서 열렸다. 이 전시회는 평택 대추리 미군기지 공사, 용산참사, 강정마을 등 사회 현장에서 고통받는 사람들의 이야기를 형상화했다. 전시 작품 중 '마른하늘에 물벼락'은 두 사람의 검은 형상을 폴리코트를 재료로 소조로 새겨냈다. 페트병으로 비옷도 입혔다. 시위 현장에서 물대포를 견뎌내는 이들임을 짐작할 수 있다. 아린 고통을 고스란히 담은 얼굴 표정이 너무나 직설적이다. 나규환은 쥐덫 위를 돌아다니는 쥐들을 천장에 잔뜩 매달아 '인간 모독'이라 표현했다. "낙수 효과를 기대하며 수동적으로 살아가는 사람과 세상"을 표현하려 했다는 게 그의 이야기다. 철 구조물 위에 우뚝 선 작품 '끝'은 용산참사 당시 망루 끝에 갇힌 철거민의 고통을 표현했다. 주먹을 꽉 쥐고 폐냉장고를 뒤집어 쓴 이를 만들어 놓고는 "당신이 쓰다 버린 냉장고 아래 살아 있습니다"라고 외친다. – 부산일보, 2013. 1. 10.

***
나규환 개인전 〈인간〉 작품 중 '마른하늘에 물벼락'.

나규환 작가는 경의선 공유지 '늘장'에서 공유문화 워크숍에 참여해 용접하는 법을 참가자들에게 가르치기도 했다. 경의선 공유지 '늘장'은 마포구 공덕동에 위치했다. 경의선 철도가 지하로 내려가면서 기존 철도길이 경의선 숲길로 조성되었는데, 그 일부인 공덕동 일대를 문화예술인들 중심으로 공유문화 공동체가 사용하고 있었다. 그런데 철도공사가 숲길 일부의 개발권을 이랜드에 넘기면서 사용 기간 만료라는 이유로 쫓겨날 처지에 놓이자, 문화예술 단체들이 거부하고 새로운 공유문화 터를 만들고 있는 중이다. 최근에는 공덕동 경의선 공유지의 상업적 개발을 두고 마포구청이 공유문화 단체들을 쫓아내려고 주변에 팬스를 설치하려다가 크게 반발을 샀다. 공덕동에 있는 경의선 공유지가 시민들을 위한 공유문화의 공간이 될지, 아니면 상업적 개발을 위한 젠트리피케이션 장소가 될지 갈림길에 서 있다. 조각가인 나규환 작가는 이곳에 참여하는 활동가들과 시민들을 대상으로 용접기술 워크숍을 진행했다. 재미있다며 4일 동안 진행된 워크숍에 참가자들이 빠지지 않고 참가했다. 또한 지금은 마포 문화비축기지로 조성된 그곳에서 대안적인 문화공간을 구축하는 대안생활문화 활동으로 '유주용접'이라는 프로그램을 진행하기도 했다. 나규환 작가에게 근황을 물었다.

"주로 포천 작업실에 있습니다. 대학교 2학년 마치고 갔으니까, 10년 좀 넘었죠. 요즘에는 가능하면 그곳에 머무는 시간을 늘리려고 합니다. 그 전에는 '룰루랄라예술협동조합'을 만들어서 상임이사로 일했죠. 지금은 임기를 마쳤어요. 그 뒤로 작업실에서 그동안 못했던 작업들 좀 해보자, 그러고 있어요."

파견예술이란 무엇인가

나규환 작가가 사회운동이나 사회참여에 관심을 가진 계기가 궁금했다. 나 작가는 대학에서 조소과를 다니다가 1년을 마치고 군에 입대했다. 제대할 즈음이 되자 어떤 조각가가 되어야 하는지 고민이 많았다. 그러다가 구본주 작가를 만나면서 기존에 알던 조각의 개념과는 전혀 다른 관점을 알게 되었다. 구본주 작가는 "촌스러운 누드 조각이 아니더라도 얼마든지 세련된 조각을 할 수 있다"라고 말하면서 자신의 조각론을 이야기했다. 구본주 작가의 이야기는 나규환 작가가 고민하던 지점과 일치하였고, 마침 구본주 작가가 사는 곳이 나 작가 부모님 고향인 포천이어서 그 후로 자주 만났다. 나 작가가 본격적으로 예술의 사회참여에 눈뜨기 시작한 것은 불행하게도 자신의 예술적 멘토였던 구본주 작가가 불의의 교통사고로 사망한 이후이다. 당시 미술계에서 주목받던 조각가가 교통사고로 사망하자 삼성화재는 보상비를 적게 지급하기 위해 그를 작가가 아닌 일용직 노동자로 취급하였다. 이 사건은 정규직이 아닌 예술가가 사회보

***

한진중공업 파업 현장에서 파견 미술가들과 함께.

장 제도에서 얼마나 차별적 대우를 받는지를 적나라하게 보여주면서 예술인들의 사회보장과 복지 권리에 대한 싸움으로 확대되었다.

"구본주 작가와 같이 지내던 중에 그분이 교통사고로 돌아가셨어요. 바로 전날까지 같이 작업했는데 갑자기 떠나신 거죠. 그 일을 겪고 나서 삼성화재와 소송을 벌이게 되었어요. 구본주 작가의 유가족이 삼성화재라는 대기업을 상대로 힘든 법리적 다툼을 벌이는 걸 옆에서 목격했죠. 회사에서 규칙적인 근무를 하지 않는다고, 조각가를 일용직 노동자로 처리하려는 보험회사의 말도 안 되는 논리에 화가 났습니다. 대책위에 들어가서 활동하면서, 기업의 횡포라고 해야 할까요? 보험사가 횡포 부리는 모습을 보면서 사회문제에 관심을 가지게 되었어요. 다른 보험 피해자도 많이 찾아보게 되었고요."

나 작가는 구본주 작가의 교통사고 사망 사건을 계기로 대책위에 참여하면서 민중 미술계에서 활동하는 이들을 많이 알게 되었다. 학교에 복학했지만 학교 성적이 좋지 않아 제적을 당했다. 그 후에 나규환은 포천에 들어가서 살기 시작했다. 보험사 사건 이후 알게 된 이들과 자연스럽게 교류했고 민미협(민족미술인협회)에서 활동하며 미술운동에 참여하기 시작했다. 마침 그 무렵에 미군기지로 지명된 평택 대추리 미군기지 반대 운동에 참여하면서 그는 한국 사회 재난 현장을 빠지지 않고 다니면서 지금까지 파견예술가로 활동하고 있다.

나규환은 파견예술가라는 이름이 어울리는 작가이다. '파견 미술'은 무엇일까? 파견 미술이라는 것은 '예기치 않은 재난이나 사건이 발생했을 때 미술가가 현장에 파견되어 예술 활동을 하는 것'으로 정의할 수 있지 않을까 한다. '파견예술'은 '현장 예술'이라는 말로 쓰이기도 하고, 일반적으로 '예술 창작 활동'과 구분하기 위해 '예술행동'으로 불리기도 한다. 파견예술은 자율적이다. 위에서 예술가를 파견하는 명령 체계를 갖고 있지는 않다. 스스로 자신을 사회적 재난 현장, 문화예술의 실천이 필요한 현장에 파견하며, 함께 참여하는 동료 예술가와의 신뢰를 바탕으로 활동한다. 파견예술은 자신이나 공동체가 스스로 결정해서 현장 파견을 감행한다. 파견예술은 그런 점에서 개인보다는 소수집단이 함께 움직이고 참여하는 경우가 많다. 나규환 작가는 파견예술을 어떻게 정의할까?

◇◇◇ "저희가 생각하는 '파견 미술'은 작업실에서 우리 스스로를 현장으로 파견한다는 그런 개념입니다. 커다란 대의명분 같은 것을 따지기보다는, 작업실에서 자유를 이야기하고 평등을 이야기하다 보면 생기는 공허함 같은 것들이 있거든요. 재료와 치열하게 다투는 과정에서 생기는 그 공허함이 현장에 가면 해소되는 거예요. 그렇게 시작하게 됐죠. 파견예술은 제일 완벽한

커뮤니티 아트인 것 같아요. '마을 만들기'나 '커뮤니티 아트' 등등 정부 기금이 그쪽으로 많이 흘러가고 있어요. 덕분에 자의 반 타의 반으로 프로젝트에 다양하게 참여하면서 이런저런 경험을 하지만, 본질적으로 어떤 괴리감이 있거든요. 농사꾼과의 괴리감, 어디 마을 사람과의 괴리감 같은 것이 항상 있어요. 그런데 현장은 일단 그런 괴리감이 없는 것 같아요. 예술의 어떤 역할을 거기서 확인받는 셈이죠. 치열한 싸움판에서요."

파견예술은 예술 표현 행위를 통해 현장을 긍정적으로 바꾸고 현장 참가자에게 새로운 관점을 갖게 만든다. 파견예술은 단지 비장한 투쟁 현장을 부드럽게 만들기 위한 수단이나 현장을 재현하는 표현 행위가 아니라 그 자체로 현장 운동의 일부이다. 예술가에게 현장은 작업실 이외의 공간이 아니라 또 다른 작업실이며, 파견은 시간과 거리에 상관없이 자신을 필요로 하는 현장이라면 조건 없이 달려가는 곳이다. 미술 도구가 있는 건물 안 작업실에는 혼자 있지만, 현장에는 뜻과 행동을 같이하는 동료들이 있다. 파견예술은 개인을 공동체 일원으로 진환시켜 집단 행위를 배치하고 자기 안의 작업실을 우리 안의 현장으로 전환시킨다. 나 작가가 생각하는 파견예술은 현장의 역동성이 살아 있는 예술, 예술가의 존재 이유를 묻게 하는 예술이다. 파견예술가에게 현장은 고향이자 집 같은 곳이다.

◇◇◇◇◇◇◇ "기륭전자 사태 때였는데요. 마지막에 포크레인이 기륭 공장을 부수려는데, 송경동 시인이 포크레인을 점거하고는 새벽에 전화를 한 거예요. 자기 이제 마지막이라고, 새벽 2시에 전화를 했어요. 일단 알았다고 하고 차에 시동을 걸고 주변 선배들한테 연락을 했죠. 소식을 전하니 다들 놀라서 같이 가자고 하더라고요. 갔더니 아니나 다를까, 포크레인이 경찰에게 둘러싸여 있더라고요. 금방 내려오실 줄 알았어요. 워낙 다급하게 얘기하셔서. 그런데 하루가 가도, 이틀이 가도, 사흘이 지나도 안 내려오셨어요. 현장에 같이 가면서 '우리가 뭐라도 하자' 그랬거든요. 이런저런 상상이 되잖아요. 이렇게 해볼까, 저렇게 해볼까, 각자 상상하던 것이 누구랄 것도 없이, 하나씩 덧붙여지면서 하루가 다르게 포크레인이 변화했어요. 나중에 민변 쪽 변호사가 그런 얘기를 하더라고요. 그때 현장 상황이 굉장히 안 좋았는데 포크레인이 바뀌는 모습을 보면서 나중에 빵 터졌다고요. 너무 에너지를 얻은 거예요. 저희가 꾸며 놓은 포크레인을 보면서 굉장히 해학적이라고 표현하더라고요. 아, 우리가 하는 것에 해학이라는 말을 쓸 수가 있구나, 현장에서 다시 느끼게 됐죠. 그걸 보고 사람들이 어떤 기운을 받고 소통을 했죠."

파견 미술이라는 개념이 공식적으로 사용되기 전에는 미술계에서 '공공 미술'이나 '커뮤니티 아트' 같은 용어가 대체되기도 했다. 파견예술은 계급과 민족의 모순을 형상화하려 했던 1980년

***

기륭전자 농성장에서 함께 작업한 '비정규직 없는 포크레인'.

대 전통적인 민중미술 운동과도 다른 차원에 있다. 나규환 작가는 기존 미술 운동과 파견 미술의 가장 큰 차이는 작업실 개념에 있다고 한다. 어떤 개념 미술이나 미술 행동에 치우치면 개념적 접근을 하고 시각예술적 부분을 놓치는 경우가 생긴다. 미술의 재현 행위를 개념적으로 접근하기 때문이다. 그런데 나규환 작가는 나무 깎고 쇠 두드리고 흙 주무르는 행위에 매력을 느끼고 그런 작업 방식을 취하기 때문에 작업실 개념을 현장으로 확대하는 것을 자연스럽게 생각한다. 작업실 공간과 현장 공간을 분리하지 않고 넘나들고, 심지어는 그 차이를 크게 느끼지 않고 창작 활동을 한다. 바로 그 지점에서 차별점이 발생한다. 공공 미술은 어떤 시각으로 보면 국가나 지방자치단체로부터 공공지원을 받는 것이기 때문에 상업적 부분과 맞닿아 있다. 그래서 파견 미술과는 거리가 있다. 파견 미술은 예기치 않았던 재난이나 사건이 발생했을 때 미술가들이 현장에 파견되어 활동하는 것이라 볼 수 있다. 한때 공공 미술이나 커뮤니티 아트가 유행하면서 마을에 벽화를 그리거나 조형물을 만드는 일이 많았다. 그것 역시 공공의 요청에 미술가가 파견되었다는 점에서 비슷할 수 있지만, 사회적 재난 현장에 달려가는 파견 미술은 참여 목적부터 다르다. 파견 미술로 제작한 조형물은 공공 미술 차원에서 만든 환경 조형물과 다른 목적을 가진다. 공공 미술에서 미술 조형물은 미술관에만 있지 않고 공공 공간에서 대중과 함께 있어야 한다. 그런 점에서 파견 미술과 유사할 수 있다. 하지만 공공 미술은 파견 미술처럼 특정한 사회적 재난 행위에 개입하지 않는다. 거꾸로 파견 미술 작품은 공공 재원으로 제작되어 공공 공간에 감상용 작품으로만 존재하는 것이 아니다. 현재 진행 중인 사회적 사건에 개입하고 그 사건을 대중에게 알리는 역할을 한다. 나규환 작가는 "파견 미술은 특정한 조형물을 현장에서 제작하는 과정으로 미술의 사회적 실천을 실현한다. 또한 제작된 조형물이 사회적 사건 안에서 의미를 생산하는 과정을 통해 작품의 진정성이 살아난다"고 말한다.

"현장에 특정한 조형물이 들어서면, 가령 포크레인 같은 게 들어서면, 다들 그 상황을 숙지하고, 그게 무엇을 얘기하는지 무슨 변화를 의미하는지 설명하지 않아도 먼저 해석을 내놓아요. 어떻게 보면 현장에 있는 사람들에게 우리가 도리어 배우는 입장이 됩니다."

작업실과 현장이 모두 작가의 창작 공간이지만, 대추리, 강정마을, 밀양, 세월호, 콜트콜텍, 블랙리스트 광화문 예술인 캠핑촌 등 재난 현장은 방안에 갇혀 있는 작업실과 느낌이 많이 다르다.

"느낌이 많이 다르죠. 일단, 현장은 뭐가 없어요. 당황스럽기도 하죠. 작업하기 위한 공간이 아니기 때문에 제약 조건도 많고 늘 변수가 있어요. 결국 순발력인데, 혼자는 해내기가 힘들죠. 작업실에서 어떤 내공이 쌓이지 않으면 순발력만으로도 힘들어요. 용산에서 미술 행동을 하면서도 내심 저희끼리 그런 얘기를 해요. '저 전경 무리에도 미대생이 있을 거야. 보고 있을 거야.' 그러니까 적어도, 전통적 회화의 맛이라든가, 조각의 맛이라든가 하는 것을 인식하는 거죠. 시각예술 쪽으로 집착하는 거죠."

파견예술가가 처음 달려간 곳, 대추리

나규환 작가에게 직접 참여했던 파견예술의 장소를 구체적으로 물어보았다. 나 작가는 대추리 미군기지 건설 반대 운동부터 지금까지 거의 모든 사회적 재난 현장에서 활동했다. 그가 참여한 곳은 평택 대추리에서 시작해서 서울 용산, 제주도 강정마을로 이어진다. 파견 현장에는 대우 비정규직 투쟁도 있었고, 기륭전자 현장과 세월호 현장도 있었다. 그가 파견예술 현장으로 처음 갔던 평택 대추리는 2006년 미군기지 건설 반대 운동이 한창이었다. 대추리 투쟁 현장에는 지역 운동가와 반전 운동가뿐 아니라 예술가도 적극적으로 참여했는데, 그 참여 정도와 수준이 예술적 사회운동 실천사에 전례가 없을 정도였다. 대추리 미군기지 반대 예술행동은 2000년대 수많은 예술행동의 시발점이었다.

◉ 대추리 파견예술행동

대추리 현장 예술 활동은 2006년 사회적 쟁점이던 평택 미군기지 이전 문제를 둘러싸고 자행된 지배 권력의 폭력에 맞선 사회적 저항이자 비폭력 평화운동이었다. 또한 대추리 현장 예술 활동은 대추리 주민의 불복종 운동과 함께한 공공 예술이자 커뮤니티 아트였으며 평화로운 마을을 만들기 위한 문화 기획이자 대지 예술이었다. 대추리 현장 예술 활동은 국가 폭력에 맞서는 직접 행동이 다양한 예술로 표출되었다는 점, 이 과정에서 매우 다양한 장르와 형식의 예술가 집단이 대추리라는 장소를 거점화하며 공동 작업을 실천했다는 점에서 매우 놀라운 사건이었다. 민중예술, 대중문화, 비주류문화, 실험예술 등 다양한 예술 형식들이 미술, 음악, 영상, 사진, 문학, 연극 등 거의 모든 장르에 걸쳐 통섭적인 예술행동을 구현하였다. 대추리 현장 예술 활동을 계기로 사회운동의 영역에서 장소 거점형 예술행동이 본격적으로 전개되었고, 사회적 문제에 적극적으로 대응하는 예술행동 커뮤니티이자 작업 공동체들이 형성되기 시작했다.*

* 이원재, 2016, 「예술행동을 둘러 싼 사회적 연대와 실천」, 『좌파가 미래를 설계하는 방법』, 문화과학사.

나규환 작가는 고 구본주 작가 사건을 계기로 민미협에 참여하면서 대추리 현장을 알게 되었다. 대추리 투쟁에 민미협 회원이 참여하면서 파견 현장을 처음 접했는데, 당시 현장에 있던 모판으로 주민의 초상화를 그리기 시작했다. 나중에 초상화를 모아서 농협 창고에서 전시를 했는데, 나규환 작가는 조각가이기 때문에 나무를 깎아서 대추리 상황을 표현했다. 전시회가 끝나고 다른 작가들 작품은 돌려주지 않았는데 나 작가 작품은 돌려주었다. 모판에 초상화를 그린 것과는 달리 모판으로 조각한 나 작가 작품은 작품의 고유한 성격이 강하게 느껴졌기 때문이라고 한다. 모판 작품을 시작으로 나규환 작가는 대추리에서 다양한 현장 예술 작업을 했다. 나중에 대추리 역사관이 꾸며질 때는 작품 설치 기획에 동참하였다. 대추리 현장에서 판화 작가 최병수, 이윤엽과도 함께 작업했는데, 현재까지 보관된 작품도 있지만, 대부분 파견예술 작품은 보관하지 않고 현장에서 역할이 끝나면 소각하거나 없애 버리는 경우가 많았다고 한다. 현장에서 만든 작품이 훼손되거나 철거되는 상황이 조각가이자 설치 작가로서 어떠한지 물었더니 "운명일 수밖에 없다"는 답이 돌아왔다. 공간과 운명을 같이하는 것이 파견예술의 미덕이라는 말이다. 대추리 투쟁은 주한 미군기지 이전 문제를 핵심으로 하는 싸움이어서 안보나 분단 문제와 연결될 수밖에 없었다. 당시로서는 금기되던 파견 미술 행동이었다. 대추리에서 활동할 때 공권력과 싸우면서 흥미로운 일이 있었는지 물었다.

***

대추리 현장,
'2006년 대추리, 더 나은 보상을 바라는 것이 아닙니다'.

"대추분교 초등학교 유리창에 마을 주민들 초상화 작업을 기획해서 여러 작가가 작업을 했어요. 보통 초등학교에 동상이 많잖아요. 이승복 기념 동상이나 세종대왕상 같은 거요. 그 분교에도 이승복 동상이 있었어요. 작가들이 거기에 색을 칠해 놨더라고요. 하늘색도 칠해 놓고요. 그런데 함께 참여한 조각가 전미영 선생님이 구본주 작가의 '갑오농민전쟁' 작품을 학교에 갖다 두자고 제안하셔서, 그 작품이 대추분교 앞에 들어서게 되었습니다. 그 작품을 세우기 위해 마을 주민이 직접 공구리를 직접 쳐서 좌대를 만들어 주셨어요. 주민들께 감사하다고 인사도 하고 작품 설명도 해주고 그랬어요. 그 뒤로 행정대집행이 있었는데, 학교도 부서지고 이승복 동상도 다 부서졌는데, 유독 갑오농민전쟁 작품은 경찰들이 전혀 안 건드렸더라고요. 그걸 건드리면 안 될 것 같다고 생각했나 봐요. 일단 비싸 보이니까 나중에 문제가 생길까 봐 안 건드렸다고 하더라고요. 그 부서진 잔해 속에 남은 갑오농민전쟁 작품에 작가들이 '평화'라는 깃발을 꽂았어요. 그걸 사진작가들이 찍었어요. 상징적인 느낌이 들더라고요. 조형물로서도 그렇지만, 단순히 조형물 수준을 넘어 감정이나 상징성이 다 거기 녹아져 있는 것 같았어요. 소련 붕괴될 때도 보면, 사람들이 동상 가지고 시비를 걸잖아요. 동상부터 끌어내리고. 그 난리 통에 사람들이 안 건드리고 남아 있는 조형물을 보면서 어떤 에너지를 받았을 것 같아요."

참사 현장을 예술의 장으로, 용산참사

이제 파견예술행동의 장소를 용산으로 옮겨 물어보았다. 나규환 작가는 용산참사가 터진 이후 계속 방송을 예의주시하다가 이틀 후에 현장으로 갔다. 이미 현장에는 작가들이 많이 있었고 특별히 약속한 것도 아닌데 매주 현장에 가서 뭔가를 해보자고 결의했다. 당시 민미협 사무국장이었던 나 작가는 후배 작가들과 함께 1년간 실시간 라이브로 현장 상황을 다른 예술가나 시민과 공유했다. 선후배와 다양한 단위와 연대하면서 〈끝나지 않는 전시〉를 기획했다. 남일당 건물 뒤쪽에 유가족이 운영하던 '레아'라는 호프집이 있는데, 주인이 그 공간을 예술가에게 내주었다고 한다. 작가들은 그 공간을 '레아미술관'이라 이름 짓고 거기서 〈끝나지 않는 전시〉를 계속했다. 그곳에서 1~2주 단위로 작가들이 돌아가면서 다양한 파견예술 활동을 했다. 참여한 작가 중에는 동화책 작가도 있고 방송국 활동하는 사람, 음악하는 사람도 있었다. 파견 미술가 그룹은 포장마차 운영할 때 나오는 잔해를 모아 '예술포차'라는 이름으로 스토리가 있는 공간을 꾸몄다. 한동안 지방에 순회 전시를 할 기회가 있으면 그 포장마차를 가지고 용산참사를 세상에 알렸다. 용산참사 현장에서의 파견예술 활동은 대추리 이후 가장 활발하고 적극적이었다.

"거의 1년간 계속 되었어요. 우연치 않은 기회에 시작해서 거의 매주 작업을 진행했으니 작업량도 많았고요. 생각해 보면 되게 깊숙하게 관여했던 것 같습니다. 현장에 있던 유가족이나 관계자에게 되게 깊게 관여했던 것 같아요. 관여한다고 해서 다 되는 것도 아니고 서로 맞아야 하는 건데, 그때는 어떻게 잘 맞았어요. 다행히 저희가 감투를 쓰고 있어서 조직적으로 결합할 수 있는 여지도 있었고요."

파견예술은 재난 현장에서 즉흥적이고 신속하게 그 상황의 심각함과 사건 본질을 공감하게 만드는 예술행동이다. 그런데 무고한 시민의 죽음이 발생한 곳에는 추모와 애도의 분위기가 지배한다. 용산참사는 경찰의 과잉 진압 때문에 희생자가 발생한 것이고, 아직도 가해자와 피해자의 진실을 밝히는 진상조사가 끝나지 않은 상태여서 예술행동이 자칫 사치스럽게 보일 수 있다. 예술행동이 재난을 고발하고 재난의 아픔을 치유하는 감성적 공감대를 만들 수 있지만, 법적·제도적 해결을 직접적으로 이끌어 낼 수는 없기 때문이다. 그래서 간혹 재난 현장에 참여한 예술가가 자신의 예술 행위에 매우 조심스러워하기도 하고, 또 피해 감정이 강한 피해자들이 예술의 재현 행위에 불편한 감정을 갖기도 한다. 파견예술가들은 예술이 애도의 숙연한 감정을 방해할 수도 있다는 부담감을 항상 갖고 있다.

그러나 나규환 작가는 그런 부담감을 현장에서 느낀 경우는

***

용산참사 현장,
용산포차 '아빠의 청춘'(위), '철거민을 풀어 줘요' 퍼포먼스(아래).

없었다. 자신은 조각가이고, 대학 수업 때 배운 것처럼 조각가는 '살아 있게 하는 자'라는 뜻을 갖고 있음을 항상 명심했다. "누군가를 추모하고 기억하고, 어떻게 보면 예술이라는 것 자체가 결국 삶과 죽음에 맞닿아 있고 밀접하게 연관되어 있기 때문"이다. 오히려 예술을 통해 희생자를 어떻게 잘 모실 수 있을까를 고민하고 유가족을 어떻게 위로할까를 생각하는 편이 낫다는 말이다. 대신 그는 현장에서 그 애도와 위로의 형태를 어떤 식으로 하면 좋을지를 더 고민했다.

파견예술의 장, 환경에서 노동까지

강정마을 이야기가 자연스럽게 이어졌다. 나 작가는 함께 활동하는 동료에게서 강정마을 상황을 듣고 매우 심각하다는 것을 알게 되었다. 사실 나규환 작가는 어릴 적부터 지금까지 미군기지와 가까운 곳에서 생활하고 있다. 어릴 적 살았던 원주에도 미군기지가 있었다. 미군을 따라다니면서 초콜릿 달라고 하며 놀았다고 한다. 지금 사는 포천도 매일 헬리콥터가 수시로 날아다니는데, 서울로 나가려면 미군 2사단을 지나갈 수밖에 없다. 물론 현재 2사단은 평택으로 이전을 했다. 나규환 작가에게 군사와 안보를 주민에게 강제하는 강정마을 문제는 그냥 지나칠 일이 아니었다. 평소 평화와 군사 문화에 더 관심을 가진 것도 어릴 적 환경의 영향이 크다고 볼 수 있다.

"강정마을 사건을 바라보면, 평화를 지키려고 무기를 사는 사람들하고 평화를 지키겠다고 무기를 없애는 사람들이 있는 것 같거든요. 그런데 평화를 지키려고 무기를 산다는 지점이 동의가 안 되고 이해가 안 되는 거죠. 궁극적으로 시간이 걸리더라도 그런 가치관이 변해야 한다고 생각하면서 접근했어요. 지금도 진행 중이고요. 마을공동체가 완전히 파탄 날 정도로 망가졌어요. 되게 치사해요. 공동체를 파괴하는 방법도 그렇고, 마을을 이간질시키고 날인 받는 과정부터 벌금 때리는 일련의 과정들이 납득이 안 돼요."

나규환 작가는 다른 파견예술가와 함께 강정마을에서도 다양한 예술 활동을 하였다. 가장 먼저는 폭파되기 전에 구럼비 바위의 탁본을 뜨는 작업을 했다. 구럼비 바위는 탁본으로는 불가능하여 탈을 뜨듯이 캐스팅을 떴다. 바위들을 네 덩어리 정도로 나눠 캐스팅을 뜨고 거기에 채색을 해서 탈인형 같은 걸 만들었다. 그리고 자동차 꾸미는 작업도 했다. 마을에서 쓰는 1톤 트럭을 개조해서 '피스포터' 이름으로 설치물을 만들었다. 트럭을 거북선처럼 꾸며서 마을 주민이 어디서든 연설이나 발언할 때 그 차를 가져가 그 위에서 연설하도록 꾸몄다. 강정마을 투쟁을 위해 전국에서 몰려든 활동가들이 머무는 컨테이너에 벽화를 그리기도 하고, 장승을 깎기도 했다.

용산참사나 강정마을은 주로 도시 개발과 군사주의, 환경 생태의 문제를 안고 있었다면 기륭전자나 GM대우는 노동 관련한 문제를 안고 있었다. 기륭과 GM대우 같은 노동 분쟁 투쟁은 장소가 안정되어 있지 않고 왔다갔다 움직이며 가변적 싸움을 해야 한다. 물론 노동자들이 일하는 공장이 있긴 하지만 대부분 해고 노동자들이 농성을 벌이는 장소가 현장이다. 기륭이나 대우에서 파견예술을 하는 것은 다른 곳과 어떤 차이점이 있는지를 물어보았다. 그는 매번 달랐다고 대답했다. GM대우 현장은 천막 농성을 하고 있었는데 지나가는 사람들이 곱지 않은 시선으로 볼까 봐 천막을 예쁘게 꾸며 달라고 요청하셨다. 그래서 천막을 멋지게 꾸미는 미술 작업을 했다. 기륭전자 현장은 앞서 말한 것처럼 포크레인을 꾸미는 작업이었다. 노동 현장 파견예술은 주로 공장 앞에서 이루어지는 작업이었다. 비정규직을 위한 '기금 마련전'을 기획해서 전시를 진행하기도 했다. 천막을 치고 길거리에서 볼 수 있는 '천막 미술관'을 만들었다. 노동 문쟁은 대부분 노동조합원들의 농성장을 잘 활용해서 파견예술행동을 하는 경우가 많기 때문에 주로 농성하는 이들을 위한 작업이 많다.

한진중공업 사태 때는 희망버스 활동을 했다. 특히 한진중공업은 배를 만드는 곳이기 때문에 해고 노동자들과 용접 이야기를 많이 나누었다. 그곳이 배 만드는 곳이라는 생각을 전혀 못하다가 자신이 조각가라고 소개하자 노동자들이 용접도 잘하겠다고 이야기하면서 자연스럽게 친해졌다. 현장에서 작업할 때 노동자들에게 부탁해 철도 가져다 쓰면서 현장이라는 장소성을 다시 생각하게 되었다. 현장에 맞게 순발력을 발휘해 작업하는 과정은 현장을 자연스럽게 인지하고 현장 안으로 예술이 녹아 들어 가는 과정이다.

> "가만히 생각하니까 다들 용접을 하시지 않나 싶었는데, 알고 보니 다들 선수이신 거예요. 배 만드는 용접은 우리가 하는 용접하고 차원이 다르거든요. 기포 하나라도 나오면 안 되니까 꼼꼼하게, 그걸 20년, 30년 하셨으니…. 85호 크레인 앞에 갔는데요. 크레인이 워낙 크니까 써 있지도 않아요. 그래서 뭐라도 해야겠다 해서 85라는 숫자를 고철들 가지고 간판처럼 붙였죠. 그때 노동자 분들이 용접기와 필요한 철을 구해 주셨어요."

삶을 성찰하는 장소, 세월호 파견예술

다시 세월호 현장 파견예술에 대해 질문을 하였다. 다른 장소와 달리 나규환 작가는 세월호에 대해 질문할 때 유독 삶에 관한 이야기를 많이 했다. 팽목항에서, 세월호 유가족 농성 현장에서 그는 우리가 어떻게 살고 있고 어떻게 살아야 하는지를 계속 고민했다고 한다.

***

세월호 현장, '아버지의 눈물',
파도가 거세게 휘몰아치는 바다에서 땅을 짚고 고개 숙여 절망하는 형상.

세월호 사건이 터졌을 때 나규환 작가는 제주도에 있었다. 자신이 참여한 룰루랄라협동조합이 한 달간 제주 올레에 머물며 커뮤니티 아트 작업을 하던 중이었다. 세월호 사태가 심각하다는 것을 알게 되었고, 결국 하던 작업을 정리하고 제주도에서 포천의 작업실로 올라왔다. 이후 광화문 광장에서 단식농성 중이던 유민 아버지의 슬픔을 담아 한 달 동안 흙으로 소조작업을 하였다. 때마침 이 사안에 적극적인 룰루랄라협동조합 작가들과 함께 광화문 광장에서 전시를 기획하고 조형물도 설치한 것이다. 그리고 문화연대가 기획한 '세월호 연장전'에 참여하기도 했다.

세월호 재난 현장도 장소가 중요했다. 배가 침몰된 곳과 가장 가까운 팽목항, 그리고 유가족이 농성하는 광화문, 단원고등학교 교실이 있는 안산 등 세월호 재난 장소는 여기저기 흩어져 있다. 세월호 재난 때문에 싸우고 있는 장소들은 우리 사회 재난의 축소판 같다. 하나같이 안전, 교육, 권력, 정치, 혐오와 이데올로기의 전쟁터이다. 세월호 사건을 지켜보면서 나규환 작가는 나라가 뒤집어진 것 같았다고 한다. 그냥 넘기기에는 너무 말도 안 되는 국가 시스템. 특히 그 뒤로 가습기 살균제 사건이 터지면서 개인의 삶을 힘들게 만드는 사건이 연속해서 터지고 있다는 생각을 떨칠 수가 없었다. 그는 이렇게 이야기한다.

"앞으로 다음 사건이 또 터질 거고 또 터질 거고…. 계속 그런 느낌이에요. 구조적으로 바로잡지 않으면 안 될 것 같다는 생각이 들어요."

그래서 그는 세월호 사건에서 우리가 어떻게 살고 있는가 하는 문제에 집중했다. 총체적 비극을 안겨다 준 세월호 사건도 시간이 지나면 잊혀질 것 같아 삶의 망각과 비열감 같은 것을 강하게 느꼈다. 특히 세월호 유가족이 단식하는 농성 장소에서 폭식 투쟁을 하는 일베 회원들을 보며, 자녀의 대학 입시 때문에 희생자의 교실 이전을 주장하는 학부모들을 목도하면서 삶의 문제를 더욱 강하게 느꼈다.

"일베들이 폭식 투쟁을 했다는 뉴스나 어버이연합이 전경련 지원을 받았다는 뉴스를 보면서 세월호 사건이 그냥 나라의 축소판 같았어요. 단원고 학부모 반발도 마찬가지죠. 피해자 가족들과 재학생 부모들이 갈등하는 걸 보았잖아요. 내가 재학생 부모라면, 아이를 대학에 보내기 위해 어떤 일을 요구할 수밖에 없을까, 저로서는 이해가 안 가거든요. 재학생 부모들 입장을 따져 보면, 교육 문제를 생각하지 않을 수 없는 지점이 막 생기기도 하고요. 그렇게 대학에 가서 뭘 하더라도 그게 무슨 의미일까 그런 마음도 생기고요. 어떤 구조적인 시스템을 계속 생각하게 되더라고요. 그걸 만든 사람들이 우리가 아닐까. 우리는 어떻게 살아야 할까. 고민이 계속됩니다."

***

용산참사 현장, '철거민을 풀어줘요' 퍼포먼스,
패랭이를 형상화하고 그 위에 나무로 의사봉처럼 보이게 함.

세월호 광화문 릴레이 1인 시위.

실천적 예술운동, 광화문 예술인 캠핑촌

파견예술 현장은 주로 예술인 외부의 장에서 벌어진다. 평택 미군기지 이전, 용산참사, 쌍용자동차 복직투쟁, 강정마을 지키기, 세월호 재난 등 파견예술은 예술인 외부의 장소에 파견되어 현장에 있는 비예술인들과 연대해서 이루어진다. 그런데 박근혜 정부에서 벌어진 블랙리스트 사태는 예술인 당사자 문제였다. 문화예술계 블랙리스트 사태가 폭로되고 난 후에 예술인들은 곧바로 광화문에서 시국선언을 하고 노숙농성에 돌입했다. 143일간 노숙농성을 하면서 예술인들은 자신들의 문제를 세상에 알리고 해결하기 위한 파견예술을 스스로 감행했다.

광화문 예술행동은 한국 문화운동 역사에서 전무후무한 사건이자 가장 급진적인 문화적 실천 현장이었다. 한국 문화운동의 지형을 바꾸어 놓았고 역사적 문화운동에서 인식론적 단절을 야기할 만큼 특이성을 갖고 있다. 한국 문화운동 역사에서 광화문 예술행동은 실천의 방식, 형식과 내용의 수준, 사회적 역할과 기여의 관점에서 가장 높이 평가할 만하다. 광화문 예술행동만큼 예술운동이 시대의 정치적 변화를 이끌어 내고, 이른바 시민혁명의 최전선에 서서 승리에 결정적 역할을 한 것은 아마 없을 것이다.

광화문 예술행동은 140일이 넘는 시간 동안 광화문 광장을 점거하면서 노숙투쟁을 벌였다는 점에서 유례가 없을 정도로 시간을 압도적으로 지배한 싸움이었다. 예술운동이 공공장소를 완전하게 점거하는 방식으로 한 가지 단일 시국 사건에 참여한 예는 일찍이 없었다. 1980년대 문화운동 상당수는 자유로운 공간을 확보하기 어려울 정도로 정치적 탄압을 받긴 했지만, '장소의 점거'가 예술운동의 투쟁 방식이 되지는 않았다. 2000년대 이후 파견예술의 다양한 실천 사례는 재난이 벌어진 제한된 현장에 들어가는 장기적인 싸움이었지만, 재난 사건이 마무리되는 내내 공간을 점유하지는 않았다. 기존 파견예술의 공간 싸움 방식은 장소 점유였지 점거는 아니었다. 특히 점거로서의 광화문 예술행동은 재난이 벌어진 특정한 장소에서 벌인 싸움이라기보다는, 대통령 하야와 탄핵, 그리고 국가 개조와 적폐 청산, 혁명적 수준에 가까운 사회 체제 리셋을 위해 공공장소를 점거하여 촛불 시민들과 소통의 폭을 넓힌, 장소를 매개로 한 실제적이면서도 상징적인 싸움이었다.

주말마다 열린 촛불집회에서 시민들은 광화문 캠핑촌에 들러 다양한 예술행동과 조우했다. 캠핑촌에 있는 촛불탑을 배경으로, 박근혜-김기춘-조윤선-이재용 등의 피규어를 배경으로 사진을 찍고, 궁핍현대미술관에 들러 전시를 관람하고, 블랙텐트에서 공연을 보았다. 그리고 최병수 작가가 광화문 현장에서 만든 수많은 조형물을 감상하고 풍물과 춤, 노래와 시로 예술인의 수많은 퍼포먼스를 보면서 예술행동의 미학적 거리를 좁혔다. 대통령 하야와 탄핵, 세월호 진상 규명과 새로운 사회로의 이행을 원하는 시민들의 공감대가 워낙 컸기 때문이긴 하지만, 광화문 예술행동은 기존의 어느 파견예술 현장보다도 시민과의 소통과 공감을 가장 많이 이끌어 냈다. 나규환 작가는 파견예술가 그룹과 함께 앞서 언급한 박근혜-김기춘-조윤선-이재용 등의 대형 피규어를 만들어 촛불 집회와 예술인들의 항의 시위 현장에 가지고 다니면서 스펙터클한 시각 퍼포먼스를 진행했다. 피규어가 워낙 강렬한 조형적 이미지를 주었기 때문에, 광화문 예술인 캠핑촌이 마무리된 이후에도 나규환 작가에게 피규어 제작 의뢰가 많이 들어왔다고 한다. 2년 반이 지난 지금 광화문 예술인 캠핑촌에서 진행했던 파견예술에 대해 어떻게 생각하는지 소회를 물었다

"사실 당시만 해도 뭐랄까요, 어떻게 이런 일이 일어날 수 있지, 어쩜 이렇게 뻔뻔할 수 있지 하는 분노감이 앞섰습니다. 상황이 앞으로 어떻게 돌아갈지 몰라서 동료 작가들과 많은 이야기를 나누다가 공동 작업으로 블랙리스트 사태와 박근혜 탄핵 운동을 알려야겠다는 생각밖에 없었습니다. 그런데 시간이 지나고 생각해 보니 광화문 예술인 캠핑촌이 마무리되고 고민이 많아지기 시작했던 것 같습니다. 마치 수영장에서 혼신의 힘을 다해 수영하다가 반대편에 있는 벽을 딱 친 것 같은, 뭔가 큰일 하나가 끝났다는 느낌이랄까요. 촛불 시민 혁명의 순간 이후에 저는 예술을 다시 생각하는 시간이 많아졌습니다. 최근 한일 관계

가 급속도로 안 좋아지고 청년들이 광화문에서 아베 총리 반대 촛불 시위 하는 것을 지켜보면서 이 일들이 역사적인 반복처럼 느껴졌습니다."

앞서 설명했듯이, 나규환 작가는 광화문 예술인 캠핑촌에서 주로 스티로폼으로 거대한 조형물을 만들었다. 당시로서는 급박한 상황이어서 급진적 행동의 중요한 수단으로 조형물이 활용되었지만, 시간이 지나면서 조형물의 표현과 퍼포먼스 행위가 조금 거칠고 공격적이고 혐오스럽지는 않았나 미학적 성찰을 하게 되었다고 한다. 비록 스티로폼으로 만든 조형물이지만 박근혜, 김기춘, 조윤선 등 몸을 꽁꽁 묶은 채로 끌고 다니다가 인권 차원에서 다소 잔인할 정도의 퍼포먼스를 강행했던 상황을 떠올리면 정말 그게 최선이었나 생각하게 된다. 그때를 회상하면 정말 예술이 무엇일까, 다시 그런 상황이 오면 동일한 방식으로 예술행동을 할까 하는 고민이 많다고 한다. 재난 현장은 언제나 있을 수밖에 없는데, 그럴 때마다 현장에 개입하는 예술의 고유성이 무엇일까를 고민하는 것은 파견예술과 예술행동에 대한 자기 성찰의 과정이라 할 수 있다.

나규환 작가는 이러한 미학적 성찰과는 별도로 당시 최선을 다해 예술계 블랙리스트의 부당함과 박근혜 정부의 국가 폭력에 맞서 싸웠다. 하지만 우리가 희망한 것들이 과연 실현되었는지 생각해 보면 과거와 크게 바뀐 것이 없다고 판단한다. 그리고 광화문 캠핑촌 후일담이 너무 낭만적으로 흘러가지 않기를 바란다.

"한편으로는 박근혜 탄핵으로 문재인 정부가 출범했는데, 현장은 그다지 변한 것 같지 않고 여전히 사회적 약자들이 배제 당한다는 생각을 지울 수 없습니다. 나중에 밝혀진 일이긴 하지만 계엄령 설까지 있을 정도로 당시 상황이 급박했고, 우리도 상당한 긴장감을 가지고 활동했는데, 시간이 지날수록 그런 비장한 상황을 이야기하지 않는 것 같습니다. 광화문 예술인 캠핑촌 이야기도 너무 낭만적으로 논의되는 게 아닌가 하는 우려가 있습니다. 이건 저뿐 아니라 함께 참여한 사람들도 같은 생각이어서 광화문 예술인 캠핑촌 3주년 되는 해에 한번 같이 논의하고 싶습니다."

예술은 곧 삶에 대한 고민

지금도 나규환 작가는 한국 사회 아픔이 있는 현장에서 활발하게 활동하고 있다. 한국 사회의 모든 재난 사건에 파견 미술가로 참여한 나규환 작가는 마이너리티 작가일까? 그가 예술을 바라보는 태도, 작업하는 장소, 삶의 태도와 생계를 꾸려 나가는 상황을 전체적으로 고려하면 그는 분명 소수자로서의 예술가, 즉 마이너리티 아티스트가 분명하다. 그가 학연과 지연이 지배하는 주류 화랑계 안으로 들어가는 것은 매우 어려운 일이다. 설사 들어간다 해도 작가로서의 자유로운 창작 환경이 보장되는 것이 아니기 때문에 힘든 것은 마찬가지이다. 차라리 주류 화랑계에 기를 쓰고 들어가서 고생할 바에야 다른 활동 방식을 모색하는 것이 훨씬 건강하다는 것이 그의 지론이다. 어차피 작가들의 8할~9할이 무명으로 활동하는 거라면, 어느 쪽에 방점을 찍고 자기가 주도적으로 이끌어 가느냐 하는 것이 중요할 테다. 나 작가가 파견 미술 활동을 하거나 룰루랄라협동조합을 하고 있는 것도 다른 방향을 모색한 결과로 볼 수 있다.

작가로서 대중과 어떻게 소통할지를 고민하다가 룰루랄라협동조합을 만들었다. 하지만 주로 작가들만 있다 보니 기획자와 이론가가 제공하는 담론이 부족해 한계를 느끼고 있다. 조합원이 70여 명인 룰루랄라협동조합은 주로 성미산 마을축제 때 아트마켓을 진행하고, 충북 영동의 폐교를 재생해서 만든 '자계예술촌'이라는 창작촌에서 예술농장을 운영한다. 이곳에서 흙과 나무를 소재로 다양한 교육 사업과 창작물 만드는 일을 계획하고 있지만 아직은 적자로 운영된다. 돈을 벌어서 생계를 유지해야 하는 마이너리티 아티스트들에게는 이 일이 가장 고민되는 부분이다. 기회가 있을 때마다 작품을 팔고 아트마켓에 참여하여 생계를 유지하려고 하지만, 쉽지 않다. 그래서 나규환 작가는 가급적 적게 쓰고 생활하는 방식을 택했다.

"그냥 안 써요. 그러니까 점점 쓸 일이 없어요. 일단 소비가 적어요. 이 생활을 오래 해서 그런지 무감각해지는 것 같아요. 경제 개념 자체가 현실과 굉장히 동떨어져 있어요. 내가 1만 원 쓰고 10만 원 쓰는 것과 사람들이 1만 원 쓰고 10만 원 쓰는 것 사이에 상당한 갭이 있는 것 같아요. 기륭전자 노동자 분들을 만나서 얘기를 하는데요. 비정규직이 80만 원 받는다, 100만 원 받는다, 이런 얘기를 해요. 저희끼리 순간적으로 '괜찮은데' 했어요. 사실 그 정도로는 생활이 안 되잖아요. 그런데도 경제적 부분을 얘기하다 보면 작가들의 경제 개념과 사회적으로 보편적인 개념이 굉장히 동떨어져 있다고 느껴요. 어느 통계를 보았는데, 100대 기업 임금 노동자들 평균 소득이 400만 원이래요. 한번은 사회 생활하는 친구들 만나서 직접 물어봤어요. 그 정도 한다고 하더라고요. 심지어 대기업 다니는 친구는 거의 700만 원을 받는다고 하고요. 그 정도 벌면 돈이 충분하지 않냐고 했더니 아니래요. 상식적으로 이해가 안 가는 거예요. 80만 원 벌어도 돈이 없다고 하고, 700만 원 벌어도 돈이 없다고 하고. 왜 그럴까 물어보니 돈을 버는 만큼 다른 생활을 제대로 못하는 거예요. 그래서 고용을 한 대요. 집안 돌보는 사람에게 120만 원에서 150만 원 주고, 애들 학원 보내면 80만 원 깨지고, 또 집 마련하기 위해 돈을 모아야 하고…. 그런 식으로 나간다고 해요. 700만 원 버는 사람은 거기에 맞게 쓰면서 살고, 80만 원 버는 사람은 또 거기에 맞게 사는데, 그 갭이 정말 심한 거죠. 그런 현실감을 찾은 것도 사실 최근 일이에요. '월급 120만 원이면 괜찮은데' 하는 생각을 버린 게 최근이죠. 생계비라는 건 많다 적다의 문제가 아닐 수도 있겠다는 생각이 들어요."

나규환 작가도 형편이 넉넉한 작가가 아니다. 집을 가지고 있으니 아주 가난한 작가라고 볼 수는 없겠지만, 그래도 집을 살 때 빌린 대출금을 꼬박꼬박 갚아야 하는 신세다. 일정한 수입이 보장되지 않으니 생계 활동 역시 불안정하다. 창작 지원 준비금을 예술인 복지재단에 신청하려면 지금보다 더 열악한 상황이어야 하고, 공공문화재단에 프로젝트를 신청하려 해도 활동 경력 때문에 선정될 가능성은 매우 낮다. 그래도 생계의 어려움을 크게 염려하지 않는다. 돈을 벌기 위해 하는 노동과 파견예술 현장에서 하는 노동이라는 게 사실 나뉠 수 없는 문제이지만, 파견예술가로서 활동을 위해 어쩔 수 없이 분리될 수밖에 없다. 내키지 않은 일도 돈을 벌기 위해 해야 하는, 그런 갈등은 여전히 존재한다.

그래서 나 작가는 돈을 버는 노동과 예술행동을 하는 노동의 분리를 해소할 방법으로 특별한 기획을 준비했다. 그는 야구를 좋아하는데, 어느 날 알바천국을 검색하다가 동네 직장인 야구팀에서 기록원을 구하는 광고를 보았다. 평소 야구를 좋아했으니 바로 일을 시작했다. 주말을 끼고 5일 정도, 하루에 12~14시간씩 야구를 기록하는 일이었는데, 수입이 괜찮았다. 그 일을 2년 가까이 하면서 그는 아주 흥미로운 작업을 준비하게 되었다.

"사회인 야구 만화를 구상 중이에요. 그 일을 한 게 벌써 4년 전인데요. 그때부터 고민했어요. (소재가) 너무 아까워서. 이걸 잘 엮으면 내 삶과 붙여서 얘기가 될 수 있겠다 싶었죠. 러시아 대문호인 도스토예프스키는 도박으로 평생을 망쳤지만, 어쨌든 그 덕분에 대작을 남겼다는 이야기를 들은 적이 있어요. 이 상황을 저는 근거 없이 믿어요. 하나의 돈벌이가 아니라, 거기에도 사람이 있고 그 사람을 통해 또 다른 것을 할 수 있을 것 같아요. 일상적인 어떤 코드가 딱 꽂힌 게 아닌가, 그렇게 받아들이고 있어요."

그는 삶과 작업을 대하는 자신만의 관점이 있고 생계에 대한 소신이 있었다. 그래서인지 파견예술가로서의 자기 정체성에 매우 만족하고 있다. 마지막으로 장소와 시간에 관계없이 파견예술에서 변하지 않는 것이 무엇인지 물었다. 이러한 답이 돌아왔다.

"예술을 한다는 건 결국 삶을 고민하는 것과 같아요. 삶을 고민하면서 현장으로 갔던 거고요. 나는 어떻게 살 건가, 우리는 어떻게 살고 있는가를 계속 보고 생각하며 다른 언어와 다른 방식으로 진부하지 않게 설득할 길을 찾는 거죠. 여전히 계속되는 고민들이에요. 그런 의미에서 봤을 때 아르바이트를 하든, 어디에서 무슨 일을 하든, 저는 되게 둔감한 것 같아요. 유연하다는 생각이 들기도 하고요. 그런 부분에서 다른 분과 차이가 있지 않나 싶어요. 그냥 지금 시대를 살아가는 사람들, 동시대를 살아가는 사람들이라면 어떤 현장이나 작업실에서든 어떻게 살아가야 할까를 고민하는 것은 똑같은 것 같아요."

나규환 작가는 함께 파견예술을 하는 동료들, 가령 시인 송경동, 판화가 이윤엽, 사진사 노순택, 사진가 정택용 등과 굉장히 친한 사이이고 함께 파견예술가 그룹으로 커뮤니티를 이루고 있다. 그분들과 현장에 있으면서 가졌던 예술가로서의 공동체 의식은 어떠했는지 물어보았다. 그들은 어느 예술 운동 조직이나 커뮤니티 그룹보다 끈끈한 연대감을 갖고 있기 때문이다. 그의 대답에서 예술과 삶을 대하는 솔직하고 진솔한 태도를 다시 한 번 확인할 수 있었다.

"그분들은 일단 용감하시죠. 저는 겁이 많거든요. 만사에 겁이 많아요. 학교에 모범생 같은 아이들 있잖아요. 그쪽에 가까웠던 사람이거든요. 나라가 유지되고 굴러 가는 일련의 일들을 보면서도 내가 어떻게 할 수 있는 일이 없다고 생각했어요. 이렇게 하면 이렇게 가고, 저렇게 가면 저렇게 가는가 보다 했죠. 같이 활동하는 작가들을 보면서 그게 아니라는 걸 알았어요. 우리가 같이 소통하면서 얼마든지 바꿔 낼 수 있다, 만들어진 틀 안에 박혀 사는 게 아니고 우리가 같이 만들면서 살 수 있다, 힘이 있든 없든, 권력이 있든 없든, 다양한 단위에서 연대하면서 얼마든지 바꿔 낼 수 있다, 그런 걸 보는 것 같아요. 그와 동시에 우리끼리 만나서 작업 이야기를 많이 해요. 어떤 재료를 썼는지, 시각적으로 어떻게 표현할까 등등 그런 고민을 많이 나눠요. 이런 부분이 어쩌면 선배 세대와 또 다른 차별점이 아닐까 싶어요. 제가 결혼할 즈음에, 어느 선배님이 이렇게 말씀하셨어요. 당신 때는 눈치만 보다가 끝난 것 같다고, 너는 하고 싶은 거 다 하라고, 그래도 되는 시대인 것 같다고요. 꽤 오래전에 들은 이야기인데, 어느 시점에서 정말 그렇게 살아야지 생각했어요. 결국 한 국가도 한 개인이 존중되는 쪽으로 가야 되지 싶어요. 그러기 위해 국가가 있다는 생각도 들고요. 그런 식으로 바뀌면 좋겠어요."

4장

나는 거리에서 캐리커처 그려 주는 남자

시사만화가 **이동수**

거리의 시사만화가

지금 중년 세대에게 만화방은 청소년 시절 가장 추억이 많은 동네 놀이 공간이었을 것이다. 요즘 청소년은 주로 방에서 친구들과 시간을 보내지만, 나만 하더라도 청소년 시절에 동네 만화방에서 많은 시간을 보냈다. 만화방은 내가 읽고 싶은 만화책을 읽는 곳이었지만, 그 외에 무협지도 읽고 전자오락도 하고 라면도 먹으면서 공부 스트레스에서 벗어날 수 있는 청소년 쉼터였다. 동네 만화방은 이제 사라진 지 오래다. 그 자리를 PC방이 차지했고 요즘 청소년은 주로 그곳에서 온라인 게임을 즐긴다. 지금 방은 과거 만화방처럼 청소년이 부모님의 공부 성화에서 벗어나 자신만의 시간을 가질 수 있는 탈출구 역할을 하고 있다. 하지만 동네 만화방처럼 낭만적인 공간으로 이용되지는 못하는 것 같다.

1997년 청소년보호법 제정은 만화를 바라보는 대중의 인식을 더욱 부정적으로 만들었다. 학교 폭력의 대표적 사례였던 일진회 사건으로 만화는 청소년에게 매우 유해한 것으로 몰렸다. 학교 폭력에 가담한 학생들이 일본 만화를 보고 범행을 모방했다고 진술했기 때문이다. 이 사건 이후 경찰은 대대적으로 청소년에게 유해한 불량 만화를 색출하고 만화방을 단속하기 시작했다. 청소년보호법이 제정되면서 이두호의 『임꺽정』과 이현세의 『천국의 신화』 등 당시 대중에게 인기를 끌던 많은 만화가 음란하고 폭력적이라는 이유로 청소년 유해매체로 고시되기도 했다. 소재와 표현이 자유로운 많은 만화책이 청소년에게 유해한 불량 만화로 낙인찍히면서 쇠퇴하기 시작했고, 만화방도 대본소 문화가 자리 잡지 못하고 경쟁력을 잃으면서 도심의 역 주변이나 청년 세대가 잘 가는 신촌-홍대 몇 곳을 제외하고는 사라졌다.

인터넷 온라인 시대가 본격화되면서 출판 만화 대신 웹툰이 큰 인기를 얻고 있다. 웹툰으로 살아남은 만화는 여전히 청년 세대에게 가장 인기 있는 문화 매체 중의 하나이다. 과거 만화에 버금갈 정도로 웹툰의 인기가 높음에도 불구하고, 여전히 만화와 웹툰은 영화, 대중음악, 드라마에 비해 대중문화의 비주류로 간주된다. 만화와 웹툰은 단지 시간을 때우는 소일거리 수단으로 예술적 가치가 없는 대중 오락물로 격하된다. 만화가나 웹

***

외규장각 도서와 약탈 문화재의
조건 없는 반환을 촉구하는 시위 현장 스케치.

툰 작가 역시 예술가로 인정받기가 쉽지 않고, 영화감독이나 드라마 연출가 뮤지션과 비교할 때 여전히 저급한 하위문화를 생산하는 사람들로 취급받는다.

시사만화가 이동수도 이런 비주류 예술 장르인 만화가의 길을 걸으면서 30년 가까이 운동현장에서 활동하고 있다. 만화가로서 성공한 극소수의 작가를 제외하고는 비주류적 삶일 수밖에 없는 게 현실인데, 그는 여전히 시사만화가로서 정체성에 활동 방점을 두고 있으니 더욱 그러할 수밖에 없다. 그는 우리 사회에서 무자비한 권력으로부터 냉대 받고 내몰리는 사회적 재난 현장에 관심을 두고 거리에서 투쟁하는 사람들의 캐리커처를 그려 주고 있다.

어릴 적부터 만화를 좋아하다가 만화를 그리는 사람이 되었다는 이동수 화백은 인천에서 활동하다가 한때는 경인일보 시사만화가로 재직하기도 했다. 1990년대부터 박재동, 주완수와 함께 민미협 만화분과에서 만화가 문화운동 영역으로 발전하는 데 함께 활동했고, 진보적인 만화 작가들이 결성한 우리만화연대(우만연)에서 대표를 지내기도 했다. 그렇게 만화운동 활동을 하던 그가 지금은 사회적 재난 현장에서 시간을 보내고 있다.

한 가족의 생계를 이끌어 가야 할 50대 만화 작가가 안정적인 작업실을 버리고 전국을 누비며 현장에서 캐리커처를 그려 주는 아티스트로 살고 있으니, 비주류 중의 비주류가 아닐까 싶다. 그는 19년 동안 인권운동사랑방의 웹진인 인권오름에 만화

***

인권운동사랑방의 웹진인
인권오름에 연재했던 만화사랑방.

사랑방을 연재하기도 했다.

우선 근황을 물었다. 요즘은 현장 활동이 좀 뜸한 편이라고 한다. 거의 매일 현장에 나갔던 이력에 비해 의외의 대답이었다. 현장 상황이 예전과는 달리 5년 10년 초창기 투쟁사업장들이 많다는 이야기를 들으니 잠시 휴지기를 가지는 상황이 이해가 되었다. 조금 지치기도 했다. 늘 현장은 그대로인 것 같고, 인터뷰 당시 한여름을 향해 달려가는 시점이라 먹고사는 일에도 보릿고개가 찾아왔다. 날씨도 덥고 몸도 마음도 지친 상태여서 조금 쉬어 가는 기분으로 느슨하게 현장 창작 활동을 하고 있다. 물론 콜트콜텍 노동자들과 유성기업 장기파업 노동자들이 연대하는 현장에 부지런히 다니며 현장 활동을 하고 있었다.

그는 어떻게 시사만화가가 되었나

만화에 대한 편견, 작업실이 아닌 현장에 대한 편견, 나이에 대한 편견 등 이동수 화백이 마이너리티 아티스트로서 겪을 수 있는 편견은 아주 일상적이다. 그 역시 어릴 적부터 만화를 부정적으로 보는 사회적 편견을 받으면서 자라 온 세대이다. 어릴 적부터 만화 그리는 것을 좋아해서 만화가가 되는 게 꿈이었지만, 부모님의 반대에 직면할 수밖에 없었다. 초등생 시절 그림 대회에 나가서 상도 받으며 칭찬을 많이 받았지만, 막상 만화가로 진로를 정하는 것에는 누구도 동의하지 않았다. 중학교 3학년 때 하루는 아버지가 자신을 불러 만화가가 되는 것을 접고 공부에 매진할 것을 요구했다고 한다. 1970년대 중반 당시에 만화가라는 직업은 어디서도 대접받지 못했고 고영우, 길창덕 화백처럼 대중적으로 성공하기도 쉽지 않았다.

"중2 때까지는 그림 잘 그린다고 주변의 칭찬과 부모님의 격려가 많았는데 갑자기 중3이 되니까 아버지가 부르시더니 그림 그리는 것을 그만하라고 하시는 거예요. 이해가 안 갔죠. 여태 칭찬하다가 갑자기 반대하시니까. 부모님과 싸우다가 혼나고 그랬죠. 아버지는 제가 가지고 있던 만화책을 다 갖다 버리셨어요. 그래서 사실 고등학교에 올라가서는 살짝 포기를 했어요. 아무래도 머리가 크니까 집안 사정도 알게 되고 미대를 가는 게 어렵다는 것도 알게 된 거죠. 그때는 대학교에 만화학과 이런 게 없었으니까요. 그래서 군인이 되어 볼까, 시인이 되어 볼까 이런 저런 생각을 했어요. 그러다가 대학을 가면서 환경에 적응한 거죠. 상대에 진학했는데, 생각해 보면 저는 운이 좋은 편이었어요. 대학에 갔더니 학보사에서 만화 기자를 뽑는 거예요. 응모했다가 덜컥 합격했죠. 덕분에 용돈도 벌어서 생활에 보탬도 되면서 만화도 그리게 되었죠."

이동수 작가는 대학 학보사에서 시사만화를 처음 그렸다. 학생운동이 활발하던 1980년대 대학 학보에는 4단짜리 만평 코너가 있었다. 사실 처음부터 시사만화를 그릴 마음이 있었던 건 아니다. 처음에는 오락만화 작가가 되고 싶었다. 하지만 재수 끝에 들어간 당시 대학가에 민주화 열기가 가득했기 때문에 자연스럽게 정치 풍자 만평을 그리게 되었다. 원래 미대 전공자들이 만평을 그리는 편이지만, 상대 출신으로서 비판적으로 사회를 바라보는 감도 있고 어릴 적부터 그린 만화 실력 덕분에 대학학보 만평을 담당하게 되었다. 나름 학내에서 인기도 얻고 시사만화가로 인정도 받았다. 그러는 사이 풍자의 묘미를 알게 되면서 시사만화에 매력도 느꼈다. 당시 학보사 만평뿐 아니라 노동 문제나 정치 문제를 다룬 외부 홍보물이나 팸플릿에 삽화도 많이 그렸다. 대학 졸업 후에도 당시 노동운동에 참여한 선배들의 부탁으로 노동조합 관련 책자나 선전물에 삽화 작업으로 참여하기도 했다.

이동수 화백은 자신이 '만화가로서의 운'이 좋은 편이라고 말한다. 대학 졸업 후 들어간 첫 직장도 그랬다. 입사한 회사 계열사에 사보가 생기면서 신입사원들이 글을 기고해야 했는데, 그 과정에서 이동수가 대학 학보에 만화를 그렸다는 것이 알려져 곧바로 사보에 고정으로 만평 코너를 맡게 되었다. 회사 사보 만평은 시사성보다는 직장인의 다양한 애환을 그려 냈다. 그렇게 직장에서도 계속 만화를 그릴 수 있었으나, 마음 한구석에는 전문 시사만화가가 되고 싶은 열망이 있었다. 그러다 우연히 경인일보에서 시사만화 작가를 뽑는다는 모집 광고를 보고 지원했다가 선발되었다. 그렇게 전문 시사만화 작가가 되어 경인일보 시사만평을 담당했을 때 정말 열심히 해야겠다고 생각했다.

"지역신문이지만 일정 정도 내가 역할을 해야겠다, 최소한 중앙지에 밀리지 않는 시사만화를 그리겠다, 그렇게 생각했어요. 그래서 열심히 했지만 현실은 녹록치 않았죠. 편집국장이 노골적으로 청와대 까지 마라, 안기부 까지 마라, 광고주 까지 마라, 국방부 까지 마라 하면서 간섭을 했어요."

대우는 둘째 치고 제대로 된 만평 소재를 잡을 수가 없었다. 이런 일이 반복되다 보니 나중에는 미쳐 버릴 것 같은 답답함을 느꼈다. 그래서 경인일보에 실을 수 없는 만화를 한겨레신문 '초대석' 만평 코너에 가명으로 보냈다. 몸은 경인일보에 있으면서 진짜 그리고 싶은 만평은 한겨레신문에 보내는 일이 반복되니 갈수록 생활이 불합리하다고 느껴졌다. 그러던 어느 날, 경인일보 16면 중에 1면 빼고 모든 지면에 자신의 그림이 들어간 것을 발견했다. 원래는 만평이랑 만화만 그리면 되는데, 나름 애사심을 가지고 이런저런 요구에 응하다 보니, 여러 기사 삽화까지 그렸던 것이다. 자신의 그림으로 도배된 신문을 보면서 자신이 신문사의 필요에 따라 지나치게 소모되고 있다는 생각이 강하게 들었다. 그러던 그가 편집국장과 대판 싸우고 회사를 그만둔 결정적 계기는 대구 지하철 참사 사건 때 일어났다.

"대구에서 지하철 사고가 크게 나서 정신이 하나도 없는 날이었어요. 만화와 만평을 어떻게 그려야 할까 낑낑대며 궁리하는데, 대구 사고와 관련한 삽화 그림을 그려 달라는 요청이 들어왔어요. 말하자면 인포그래픽 같은 거요. 내가 담당한 지면도 못한 상황인데, 지금 이걸 해야 하나 싶어서 담당 부장하고 티격태격하다가 결국 편집국장에게 불려 들어갔어요. 이야기하다가 언성이 높아졌어요. '너, 그럴 거면 나가' 하기에 '알았어, 나갈게' 한 거죠. 하하. 지금은 조금 후회가 되죠. 그렇게 나올 게 아니었는데. 아내가 그랬어요. '그 놈더러 나가라고 싸우지 왜 네가 나오냐'고. 하하하. 아차, 싶더라고요."

아웃사이더로 만화운동에 참여하다

경인일보 시사만평 작가를 그만두고 민미협(민족미술인협회) 만화분과에 참여했다. 그때 박재동, 주완수를 만나 독립적인 만화 단체 이야기가 나오다가 만든 단체가 우리만화협의회이다. 당시 만화계도 영화, 대중음악, 연극, 미술, 무용 등 다원화된 문화예술분과 운동에 동참하는 분위기였다. 민미협에서 분화되어 만화계가 독립적으로 활동할 수 있었던 것은 당시 진보적인 신문 매체와 미디어에서 시사만평이 활발하게 이루어졌기 때문이다. 당시 만화계 내부에서는 분업과 하청구조를 가진 이른바 공장제 만화 작가들이 만화시장을 장악하면서 무명 만화 작가와 지망생의 권익이 보장되지 않는 것이 가장 큰 문제였다. 폐쇄적인 공장제 시스템 때문에 이들의 창작권과 노동권이 보장되지 못했다. 우리만화협의회는 이렇게 만화 작가들의 권익을 위해 활동할 뿐 아니라 사회 현실을 비판적 시각으로 견지하면서 연대하는 역할도 담당했다. 이동수 화백은 우리만화협의회 초대 대표를 맡고 나중에 우만연 대표를 역임하는 등 만화 관련 조직 활동에 나름 열심히 참여했다. 그렇게 오랫동안 만화 관련 단체 울타리 안에 있다 보니 어느 날 조직의 관성에 빠지는 것을 느꼈다. 시사만화가답게 여전히 현장 문제에 신경을 쓰는 입장으로서 조직에 아쉬움이 있었다. 조직적인 차원에서 뭔가 더 강하게 연대하길 바랐으나 많은 만화 작가들을 설득하는 게 쉬운 일이 아니었다. 각자 자신의 생활문제에 몰입되는 경향이 커지면서 고민이 생기기 시작했다.

1990년대 들어서면서 만화 분야에서도 진보적인 조직이 생겨나고 만화 작가들의 권익을 위해 만화 관련 단체들이 다원화되었다. 그 와중에도 이동수 화백은 만화 운동의 흐름에 동참했지만 항상 주류에 속하지는 않았다. 박재동, 주완수처럼 대중적인 인기를 얻거나 대학 교수로 활동하지 않고 줄곧 현장을 꿋꿋하게 지키고 있었기 때문이다. 그에게 만화판 안에서 본인이 느

금속노조 노동자들 캐리커처.

끼는 비주류적인 위치에 대해 물어보았다.

"돌이켜보면, 저는 늘 주류의 흐름에서 살짝 벗어났었어요. 기본적으로 미대 출신이 아니어서 학력으로도 그렇고 선후배 관계도 그렇고요. 쉽게 얘기하면, 족보를 꼬이게 만드는 사람인 거예요. 대학 다닐 때도, 무작정 현장에 가는 것에 반대했어요. 내 생각에는 만화로 할 수 있는 게 있을 것 같아서 친구들 현장 갈 때 안 가고 그랬어요. 이른바 재야 운동에서도 비주류적인 경향을 보였다고 할까요. 그리고 만화운동도 시대 상황과 맞물려서 공동 작업을 굉장히 많이 하거든요. 그런데 저는 공동 작업을 많이 안했어요. 같이 모여서 의견을 나누고 관계를 맺고 그러기는 했지만, 공동 작업을 우선시하거나 그러지는 않았어요."

이동수 화백은 겉으로만 보면 만화 운동권의 주류로 비춰질 수 있다. 우만협이나 우리만화연대 같은 단체에서 어느 정도 역할을 했고 또 무게중심이 실렸던 때도 있었으니까. 그러나 전공이나 학력이나 인맥으로 보면 통상 주류와는 거리가 멀었다. 오랫동안 민미협이나 민예총 활동을 하면서도 곰곰이 생각해 보면 족보가 꼬여 있는 사람 같았다고 한다. 예를 들어 누군가 자신의 활동에 어떤 의견을 내면 상대적으로 학력이나 인맥으로 연결되는 사람이 없어서 특별하게 반발하거나 지지하는 이해관계가 발생하지 않았다고 한다. 그래서 오히려 일할 때는 좀 더 냉정하게 이야기할 수 있는 여지가 생기고 현장에서 좀 더 자유롭게 일할 수 있는 여건이 되었다.

현장에서 만화를 그리다

이동수 화백은 대추리 미군기지 반대 운동에 참여했던 것이 현장 예술가로 처음 발을 내딛는 계기가 되었다. 하지만 적극적으로 나서거나 주도해서 뭘 만들거나 하지는 않았다. 2000년대 초 촛불 시위 때 박재동, 이희재 선배들이 거리에서 그림을 그리는 것을 보고 현장에 남다른 관심을 가지긴 했지만, 본격적으로 현장에서 그림을 그려야겠다고는 생각하지 않았다. 그 뒤로 우만연에서 주최하는 교육 활동이나 사업에 적극적으로 참여하면서 현장에서도 활동하였다. 그런데 현장을 놓치고 싶지 않은데 조직 활동은 이를 지체하게 만들었다. 과연 단체 운영과 수익 활동을 중심으로 움직여야 할지, 아니면 돈은 못 벌지만 자신을 필요로 하는 현장 활동에 더 매진해야 할지 고민이 되었다. 그러다가 결국 현장 활동 쪽으로 삶의 무게중심을 옮긴 결정적인 계기는 바로 용산참사였다.

처음에는 용산에 오래 머무를 생각이 없었다. 용산참사 현장에는 이미 다른 예술가들이 오랜 시간 함께하고 있었다. 책임자 처벌을 위한 문화예술인들의 기자회견에 참석 요청이 들어와 만화 단체를 대표해서 갔을 때만 하더라도 현장에서 오래 활동할 생각은 없었다. 그러나 막상 기자회견이 끝나자 만화계도 조직적으로 뭔가를 해야겠다는 생각을 했다. 당시 만화계는 사회 문제에 참여하기보다는 내실을 다지는 시기였다. 그래서 이동수 화백은 단체가 지속적으로 참여하기 어려우면 개인적으로 현장을 지켜야겠다고 마음먹었다. 이미 파견 미술가 친구들이 많이 활동하고 있었다. 일부는 아는 얼굴이고 일부는 잘 모르는 얼굴이었다. 이 화백은 나름대로 뭔가 할 수 있는 것을 찾기 위해 고민하다가 결국 자신이 가장 잘할 수 있는 캐리커처를 그리기 시작했다.

"그 전부터 즉석 캐리커처를 그렸던 경험이 있어서 현장에서도 할 수 있으면 좋겠다 싶었어요. 그런데 사람이 죽어 나가는 곳에서 캐리커처를 그리는 게 좀 그렇잖아요. 그래서 고민이 많았어요. 그런데 싸움이 오래 가면서 그곳에 있는 사람들 사이에 어떤 기운이 있었어요. 좀 더 우리가 힘을 내야 한다, 그런 생각들이었죠. 동화작가들도 모여서 골목 난장을 벌이고 아이들을 동참시키고…. 그러면서 아이들 웃음소리가 터지기도 했고요. 그런 기운이 힘이 되었던 것 같아요. 그래서 저도 좀 더 적극적으로 할 수 있었어요."

용산 현장에서 했던 또 다른 예술 행위는 싸움 현장을 크로키로 그리는 것이었다. 당시 용산참사 현장은 용역들과의 싸움이 끊임없이 있었다. 한번은 파견 미술팀이 현장 주변에 친 펜스에 스티로폼으로 만든 꽃을 붙였는데, 작업을 마치자마자 용역들이 와서 스티로폼 꽃을 떼려 하여 실랑이가 벌어졌다. 용역들은 사진을 찍는 기자들과 스티로폼 꽃을 떼지 못하게 저지하는 활동가들에게 폭력을 행사했다. 그 상황에서 이동수 화백은 상대적으로 저지당하지 않고 크로키를 할 수 있었다. 평소에 크로키를 했던 경험이 큰 도움이 되었다. 이렇게 작업한 크로키를 오마이뉴스에 보내면서 자신의 역할 중 하나가 싸움이 벌어진 현장을 기록하는 게 아닐까 생각했다. 그 뒤로도 현장 캐리커처와 현장 크로키, 두 방법으로 용산 현장에서 예술 활동을 계속했다.

더 작고 낮은 곳에서 캐리커처를 그린다

다른 예술가와 마찬가지겠지만 이동수 화백은 용산 현장에 적극적으로 참여한 이후부터 더욱 다양한 사회적 재난 현장에서 활동했다. 그런데 그가 찾아간 현장은 대부분 작은 현장, 생각보다 더 열악한 현장이었다. 콜트콜텍, 기륭전자, 재능교육과 같은 장기 미결 상태에 있는 노동자들의 농성 현장이 대표적이다. 콜트콜텍 농성 현장에 적극적으로 참여하기 전에도 이들이

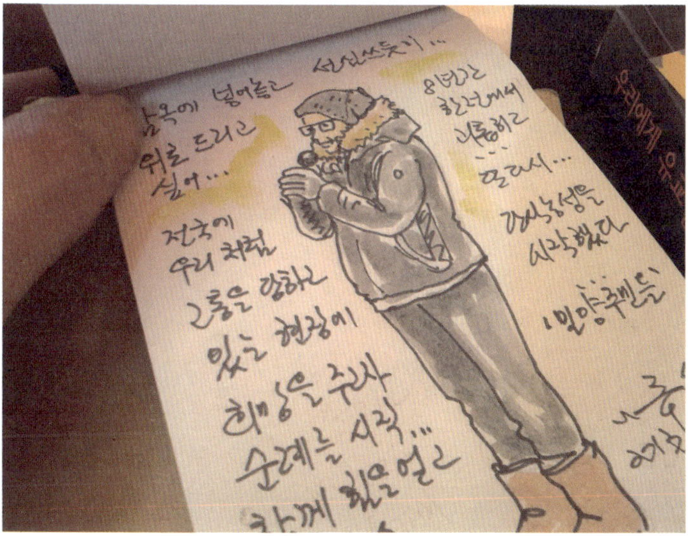
감옥에 넣어놓고 선심쓰듯이..
위로 드리고 싶어...
전국에 우리처럼 고통을 당하고 있는 현장에 희망을 주자 순례는 시작...
시작했다

***

이동수 화백의 수첩에서.

매우 힘든 싸움을 하고 있다는 얘기는 계속 들었다. 더군다나 그는 고향이 인천이었기 때문에 박영호 사장이 콜트악기 부평 공장을 위장 폐쇄시키면서 노동자들이 하루아침에 거리로 내몰린 상황에 약간의 부채감이 있었다. 자기 스스로 만들어 낸 부채감이 아닐까 싶다. 콜트콜텍 노동자의 농성 지원을 가장 적극적으로 하고 있던 문화연대 활동가들의 권유로 자연스럽게 참여하였다. 콜트콜텍 노동자의 농성 현장은 부평공장에만 있었던 것이 아니라 콜트악기 대전공장, 여의도, 종로, 홍대 클럽 등 여러 곳에 걸쳐 진행되었다. 농성 현장이 바뀔 때마다 이동수는 그림을 그리고 현장 소식을 알리는 기사를 쓰기도 했다. 그는 기륭전자 현장에서도, 쌍용자동차 현장에서도, 재능교육 현장에서도 시간과 장소를 가리지 않고 자신이 해야 할 일들을 꾸준히 해냈다. 꼭 캐리커처나 크로키가 아니어도 상관이 없었다. 사회적 재난 현장이 크고 작고를 떠나 농성하는 현장에 있는 당사자들에게 활력을 불어넣을 수 있는 비타민과 같은 역할을 하려고 노력했다. 한번은 재능교육 특수고용 노동자들의 농성이 있던 어느 추운 겨울날, 10여 명 안팎의 사람들이 집회를 하고 있었는데 그날 초대받은 민중가수가 사정이 생겨 못 온다는 연락이 왔다고 한다. 분위기가 약간 처지고 사람들이 힘들어하는 것을 보고, 자신이 나서서 대신 노래를 불렀다. 물론 노래는 엉망이었지만, 조건 없이 현장 상황에 따라 활동해야 하는 거리 예술가의 숙명이라고 받아들였다. 그는 현장에서 예술이 해야 할 일들은 예술을 위한 것이 아니라 현장 그 자체를 위한 것이어야 한다고 믿고 있다.

"현장 다니면서 제일 크게 느낀 게 그런 거예요. 현장 예술은 현장 그 자체를 위한 것이어야 한다. 시사만화 그린답시고 현장 기사를 많이 찾고 듣고 하잖아요. 하지만 현장에 딱 가면, 백문이 불여일견이라는 말이 몸으로 확 다가와요. 이건 수사적인 표현이 아니에요. 정말 기사를 보며 느끼는 것과 현장에서 느끼는 강도가 엄청나게 차이가 나요. 그래서 뭐라도 해야 한다는 생각이 강하게 들죠. 모르겠어요. 요즘에는 문화예술 분야에서 활동하시는 분들도 전문가가 많고, 그러다 보니 일정 정도 받쳐 주는 조건들이 필요하겠지요. 그래도 그런 걸 따질 계제가 아닌 상황이 많거든요. 늘 고민해야겠지만, 아직까지는 뭐라도 해야겠다는 시급함이 더 커요. 나에게 현장은 오히려 힘을 주고 의미를 줘요. 내가 지향하는 어떤 것을 위해 뭔가를 할 수 있다는 것에 의미가 있으니 더 즐겁게 하는 것 같아요. 어찌되었든, 현장에서 시작해야 한다고 생각해요."

만화는 다른 장르에 비해 격식을 덜 따지는 장르라고 생각하니 현장에서 좀 더 자유롭게 활동할 여지가 많다. 힘들고 어려운 사람들이 모여서 농성을 하면 지치고 마음이 무겁기도 한데, 현장에 참여한 사람들에게 캐리커처를 그려 주면 모두 얼굴이 환해지는 것을 느낀다. 만화는 한편으로는 일반인에게 좀 더 쉽고 친근감 있게 접근할 수 있다는 장점이 있다. 그래서 이동수 화백은 만화는 좀 더 낮고 열악한 곳에서 활동할 수 있는 매체라고 생각한다. 언젠가는 잘 알고 지내던 미술계 후배가 농성 현장에서 큰 걸개그림을 그리는 것을 보았다. 그 규모가 만화작가로서는 흉내 내기 힘들 정도로 대단했다. 만화가 입장에서 몇 가지를 조언해 주었다가 후배가 강하게 반발하는 것을 경험하고는, 각자 자신이 해야 할 일과 스타일이 있음을 깨달았다. 만화는 상대적으로 자유롭고 즉흥적이어서 현장에서 하는 다른 예술행동에 비해 대중 친화적이고 게릴라식으로 활동할 수 있다는 점이 강점이 아닐까 싶었다.

먹고살기 힘들어진 현실

50대 후반에 접어든 이동수 화백은 사실 만화계에서는 중견에 속하지만 오랫동안 수익이 보장되지 않는 현장에서 활동하다 보니 생활고에 시달릴 수밖에 없는 상황이다. 만화가와 만화 시장은 다른 문화산업에 비해 규모가 크지 않아서 성공한 몇몇 작가나 학교에 적을 둔 만화가를 제외하고는 대부분 생계를 꾸려 나가기 어려운 형편이다. 만화가의 생활이 어려운 것은 이미 만화운동을 시작하던 1990년대에도 마찬가지였다. 문화산업이라는 곳은 승자독식의 정글 같은 곳이라 최고로 성공하지 않으면 나머지는 힘들기 마련이다. 만화는 더욱이 독자적으로 생존 방식을 찾기가 어려운 장르이다 보니, 항상 출판사나 유통업체에 종속될 수밖에 없다. 만화 시장이 웹툰 시장으로 옮겨 간 지금 상황에서도 큰 차이는 없다. 웹툰 작가들을 지배하는 곳이 만화 잡지사나 출판사에서 거대 포털 회사로 이행했을 뿐이다.

"웹툰도 몇 개 거대 포털 회사들이 장악하고 있기 때문에, 작가들이 열심히 해도 다수가 경제적 이익을 얻는 구조가 아니에요. 이쪽 시각에서 보면, 마치 거대 포털이 웹툰이라는 매체를 고객 꼬시기용으로 이용하는 건 아닌가 싶어요."

대부분 만화 작가들이 어려운 생활을 하고 있는 게 현실이지만, 그의 경력과 활동을 따져 볼 때 조금 낫지 않을까 했는데 아니었다. 그래도 이동수 화백은 지금까지는 운이 좋은 편이라고 말한다. 결혼생활 초창기에는 맞벌이를 했고, 경인일보에서 고정적으로 일했고, 프리랜서로 일할 때도 홍보 만화 일들이 들어와서 생활에 큰 문제가 없었다고 한다. 물론 나이가 들수록 그런 일도 점차 없어져서 걱정이긴 하다며 웃어 넘겼다.

그나마 다행스럽게도 만화학과 붐이 일어나 강의할 수 있는 기회를 얻었다. 만화가로 활동하면서 일반 아카데미에서 강의할 일이 생기리라고는 예상치 못했는데, 대학에 만화 관련 과목이 생기면서 한동안 강의가 생계에 큰 도움이 되었다. 대학뿐 아니라 중고등학교 특별과외나 방과후교실 등 만화반이 많이 생겨서 어느 날 보니, 전체 소득에서 만화로 버는 소득보다 강의로 버는 소득이 더 많아졌다고 한다. 하지만 아무래도 방학에는 강의가 없다 보니 방학 때만 되면 보릿고개가 찾아온다. 캐리커처를 그려 주는 현장에서는 사실상 수입이 제로에 가깝다. 가끔 플리마켓에서 캐리커처를 그려 달라는 요청을 받는데, 막상 시작하면 지속적으로 해야 하는데 언제 현장에 가야 할 상황이 생길지 모르니 쉽게 시작할 수 없다고 한다. 생계를 위해 머릿속으로는 현장 활동과 플리마켓 수익 활동을 잘 조정하면 할 수 있겠다 싶다가도 막상 현장에 가면 그렇게 할 수 없는 지경에 이른다. 간혹 현장을 지원해 준 노조 같은 데서 행사가 있을 때 약간의 수고비를 받고 캐리커처를 그리기도 한다. 만화가로서 생계와 활동이 이중적 상황에 놓이면 어떤 갈등을 겪는지 단도직입적으로 물어보았다.

"뭐, 아무래도 형편은 좋지 않죠. 그래서 어느 정도까지는 해야 하지 않나 싶어요. 하지만 또 아까 말씀드렸듯이, 여태 만화가로 살 수 있었던 게 운이 좋았다고 생각하거든요. 내 눈에 만화 그릴 일이 계속 나타나 줬어요. 내 입장에서 좋게 이야기하자면, 기회가 올 때 잡을 수 있었던 건 일종의 숙련이나 단련이 되었기 때문인 것 같아요. 예술이란 본인만의 작업이라는 측면이 되게 강하잖아요. 내 작업을 하면서 이걸 무기로 헤쳐 나가야 하죠. 가끔 생계를 걱정하다 보면, 지금 상황이 돈과 자존심을 바꾸는 체제가 아닌가 싶을 때가 있어요. 내 자유와 내 자존심을 맘껏 누리려면, 돈을 벌기가 힘들고요. 그럼 적절한 수준을 찾아야지요. 한편으로는 내가 좋아하는 일을 하는 효용의 크기를 생각하면 그렇게 가난한 것도 아니라는 생각이 들기도 해요."

이동수 화백은 만화가의 생계를 공론화해야 한다고 생각한다. 아니, 좀 더 일찍 그런 이야기를 했어야 하지 않나 싶다. 1980년대와 1990년대에는 사회적인 비장한 분위기 때문에 만화가의 생계 문제를 공개적으로 노출하기가 쉽지 않았다. 지금도 이동수 화백은 어떻게 먹고사느냐는 질문을 많이 받는다. 그럴 때마다 다행히 현장 활동과 수익 활동을 병행하면서 살 수 있어서 큰 불편은 없다고 대답한다. 다행히 부모님은 군인 출신이라 경제적으로 지원해 드리지 않아도 되고, 대학에 진학한 아들도 4년 장학금을 받아서 등록금 걱정을 하지 않아도 된다. 우스갯소리로 이동수 화백은 자신이 현장에서 활동할 수 있는 가장 큰 물적 토대가 아버지와 아들이라고 말한다. 물론 큰돈이 필요한 상황에 몰렸을 때에는 눈앞이 깜깜하기도 했다. 아들이 군대 가기 전에 수술을 받아야 했는데, 통장을 탈탈 털면서 정신이 번쩍 들기도 했다.

한때 논란이 되었던 정부의 예술인 복지에 대해 물었다. 이동수 화백도 2015년에 예술인복지재단에 신청해서 예술인 창작 준비금을 받았다. 민예총과 문화연대에서 예술인들의 복지 정책 관련하여 적극적으로 활동했기 때문에 평소에도 관심이 많았다.

"예술인 복지 관련 조치들이 일정 한계 속에서도 나름 잘 운영되는 것으로 봅니다. 예술인의 정의와 범주 설정에도 세심한 신경을 쓰고, 예술인의 입장에서 예술복지와 작업 활동을 고려하는 것으로 압니다."

이렇게 예술인 복지 정책을 긍정적으로 평가하면서도 한편, 그가 생각하기에 예술인 복지는 예술가들이 해야 할 운동의 궁극적 목표는 아니라고 말한다. 일반적으로 한국은 복지 제도가 잘 안 되어 있는데, 예술인만 특별한 복지 정책을 요구하는 것도 문제가 있고, 예술가가 안고 있는 다양한 사회 이슈를 예술인 복지 정책 안에서만 해결하는 것도 한계가 있다고 보는 것이다. 물론 예술가들이 특히 더 가난한 것은 사실이다. 예술인 복지법 제정의 계기가 된 고(故) 최고은 작가 사건은 분명하게 해결해야 할 사회 문제이다. 그럼에도 예술인 복지 정책만이 해결책은 아니라고 생각한다. 다양한 현장의 어려운 모습을 많이 보다 보니 예술인들이 복지 혜택을 요구하는 것도 마음에 걸린다고 했다. 그래서 그는 예술인 복지 활동이 정당성을 얻으려면 현장 예술행동과 함께 가야 한다고 본다. 궁극적으로는 예술 현장에서 자존심을 지키는 예술가가 되어야 한다고 생각한다.

"예술행동과 예술복지 운동은 같은 것이라고 봐요. 예컨대, 현장에 어떤 의식을 갖고 있다면 예술인 복지 관련 문제에도 분명 그런 의식을 갖고 있을 것 같아요. 또 한편으로는 이런 면도 있어요. 제가 만화 단체 활동을 하면서 정책을 논의하는 자리에 가면 다들 아쉬운 소리만 해요. 자신의 입장에서 무언가를 지원받기 바라는 거죠. 예컨대 출판사는 출판사대로 힘드니까 지원해 달라, 작가는 작가대로 힘드니까 지원해 달라, 그래요. 그런 걸 보고 있으면 저는 되도록 그런 소리를 하기 싫어져요. 일반적인 복지 정책도 마찬가지인데요. 예술인 복지이든 일반 복지이든 오히려 욕을 먹거나 반대 효과가 나타날 수도 있거든요. 그래서 복지나 현장이나를 두고 고르라고 한다면, 현장이 더 중요하다고 생각해요. 복지는 분명히 물적 토대를 갖추는 거니까 필요해요. 하지만 현장에서 사회 활동도 안하면서 무슨 복지를 얘기할 수 있을까 싶어요. 복지를 위해서라도 더 적극적으로 현장 활동을 하고 현장에서 발언해야 한다고 생각해요. 물론 그렇지 않은 예술 활동도 우리 사회에 분명히 의미가 있겠지만요."

마이너리티 아티스트란 누구인가

인터뷰를 한 다른 예술가에게와 마찬가지로 이동수 화백에게도 마이너리티 아티스트가 무엇인지 물어보았다. 그의 대답은 다른 예술가와는 조금 달랐다. 그가 생각하는 마이너리티 아티스트는 비주류로 살아가는 가난한 예술가가 아니라 오히려 자존심을 지키는 예술가이다. 그런 면에서 보면 오히려 역설적으로 돈을 많이 벌고 대중적으로 인기가 많은 예술가가 메이저 아티스트가 아니라 자존심을 지키는 예술가가 진정한 의미에서 메이저 아티스트라는 것이다. 자본주의 주류 체제의 흐름에 편승을 하면 예술가들도 가난하게 살 이유가 없다. 그 사람들이 원하는 대로 해주면 되기 때문이다. 그러나 그렇게 되면 그게 과연 예술일까 하는 의문이 생긴다. 그러니까 일정 정도 예술가는 가난을 감수할 각오가 필요하지 않을까 싶다.

이동수 화백은 이 문제의식에 더 많은 방점이 찍혀 있다. 자신이 배고픈 건 참을 수 있지만 아이들이 배고픈 문제나 세월호 유가족의 아픔이 해결되지 않는 것을 보면 참을 수가 없다. 자신의 문제보다 더 근본적인 문제라고 느끼기 때문이다. 개인적으로 돈과 생계를 위해 목맬 필요는 없다고 생각한다. 최소한 자기 활동을 하면서 자존심을 지키는 게 우선이라고 생각한다. 현실을 보면 그런 자존심조차 지키지 못할 상황에 내몰린 사람이 너무 많은 것 같으니까, 그들을 위해 활동하는 것이 어쩌면

***

제7회 우리시대 리얼리즘전(416참사 세월호 2주기전),
〈끝나지 않은 노래〉에 전시한 작품 중에서.

***

세월호 광화문 광장 풍경(위),
세월호 참사, 잊지 않겠습니다(중간),
416 국기(아래).

예술가의 자존심을 지키는 문제와 다르지 않다는 생각이 든다. 그래서 '마이너리티'는 생각하기에 따라 전혀 다르게 해석할 수가 있다.

"나는 마이너리티가 아니고 오히려 메이저라고 볼 수 있다. 반대로 자기 자존심을 죽여 가면서, 혹은 적절하게 타협하면서 물질적 풍요를 누리는 사람이 오히려 마이너리티일 수 있다"는 이동수 화백의 생각은 물질보다는 마음이, 이익보다는 공동체가, 타율적 의지보다는 자율적인 의지야말로 마이너리티 아티스트가 가져야 할 덕목이라고, 역설적으로 말하고 있는 것 같다.

이동수 화백은 상대를 졸업하고 직장생활을 했다면 좀 더 나았을까 가끔 생각하지만 크게 후회하지는 않는다고 한다. 대학 동기들은 자신보다 돈을 많이 벌지만 직장 일로 스트레스를 많이 받는다. 친구들을 만나면 본인은 생활고를 이야기하고, 친구들은 직장생활의 괴로움을 이야기하는데, 헤어질 때 친구들이 하는 얘기는 "그래도 너는 너 좋아하는 일 하잖아"이다. 그는 이런 말을 들으면 우리 사회문제를 보는 것 같고, 그러면서 자신은 제대로 살고 있다는 안도감이 생기기도 한다.

"가끔은 대학 졸업하고 은행이나 증권회사에 갔으면 어떻게 되었을까 생각해요. 지금과는 전혀 다른 사고를 하면서 살았겠죠? 그리고 이런 면도 있어요. 정말 아쉬울 때 그래도 나는 손을 내밀 곳이 있겠구나 하는…. 물론 여태 한 번도 그런 적은 없지만요. 예컨대, 친구들과 만나서 밥을 먹으면 이제 저는 돈을 거의 안 내요. 처음에는 같이 냈는데, 어느 순간부터 내가 안 내는 걸 당연하게 생각하는 거예요. 지지하는 친구들은 일부러 사주기도 하고요. 그런 친구들 덕분에 어쩌면 나는 최악의 상황에서 살짝 벗어나 있구나 싶어요."

이동수 화백은 마이너리티 아티스트, 거리의 만화가로 활동했던 지난 시간들을 정리하는 시간을 가지면 좋겠다고 피력했다. 그간 활동한 자료들을 쌓아 놓기만 했는데, 정리를 해야 어떤 분기점으로 삼고 다음 단계로 넘어갈 수 있을 것 같다는 말이다. 한편으로는 자신의 활동을 정리할 여유가 없을 정도로 너무 현장에 올인하는 것이 아닌가 하는 생각이 들 때도 있다.

이동수 화백은 언젠가 책으로 활동을 정리하고 싶지만 엄두가 나지 않는다. 파업 현장에서 고마움을 전달받을 때마다 나중에 파업에서 승리하면 보상해 달라는 농담을 자주 던졌다고 한다. 그러나 현장에서의 싸움은 그렇게 쉽게 끝나지 않았다. 금방 끝날 것 같은 싸움도 요즘은 5~6년 지속되는 것이 다반사였다. 콜트콜텍 기타 노동자들의 싸움이 대표적이다. 2014년 대법원 확정 판결이 나기 전만 해도 이동수 화백은 확실하게 이겼구나 생각했다.

"법원에서 지정한 제3자 회계 법인에서 분석한 회계 장

부로는 회사의 경영적자 주장이 다 틀리고 노조가 맞는 걸로 나온 거죠. 그동안 싸움의 반전이라고 해야 하나? 제가 알고 있는 회계 지식과 상식으로는 이건 게임이 끝난 거예요. 이겼다, 드디어 이겼다, 생각했어요. 개인적으로 오마이뉴스에도 연락해서 준비해라, 기사 나간다 했어요. 정말 이길 줄 알았어요."

그런데 대법원에서 '미래에 있을지 모를 경영상의 위기'를 정리해고 사유로 인정하면서 사측의 손을 들어주었다. 정말 할 말이 없었다. 몸뿐 아니라 마음도 무너져 내리는 것 같았다. 지금도 이 판결은 도저히 받아들여지지 않는다고 한다. 대법원 판결을 접하면서 정신을 똑바로 차리지 않으면 안 되겠다는 생각이 더욱 강하게 들었다.

"요즘 유행하는 말로, 멘탈이 스스로 강해지지 않으면 한 방에 훅 간다는 생각을 진짜 많이 해요. 요즘에는 워낙 비상식적인 일들이 일상적으로 많이 벌어지다 보니, 내가 정신을 차려야겠다는 생각이 더 들어요. 내 가치관이랄까 그런 걸 뒤집어 버리는 경우가 있으니 마음에 상처가 되고 쇼크 같은 게 오기도 해요. 어떤 때는 내가 감당하지도 못하는데 이 일을 계속해야 할까, 그런 생각이 들기도 해요. 그러면서 나름대로 내린 결론은 스스로 멘탈을 강화하고 명확한 자기 철학 내지는 자기 확신을 가져야겠다는 거예요. 그렇지 않으면 그런 싸움에 쉽게 흔들릴 수 있

merry cristmas
No Cort
콜트콜텍
기타노동자들의
거리 농성 3250일
졸라 즐거운 성탄절~!
*새빨간 거짓말쟁이
김무성이 얼굴 케이크를
자르는 시간이 있을지도
모릅니다.

***

콜트콜텍 농성 현장에서.

겠구나 싶어요."

콜트콜텍 사태는 콜텍 노동자들의 끝장 투쟁으로 일단 콜텍 조합만 4464일 만에 어렵사리 노사 합의를 이끌어 냈다. 오랜 장기 투쟁이 가능했던 것은 조합원들의 의지 때문이기도 하지만, 예술가들의 적극적 연대가 뒷받침되어 이들이 지치지 않았기 때문이기도 하다. 현장은 늘 불가능성과 가능성이 공존하는 곳이다. 현장의 어려움 속에서도 예술가들은 즐거움과 희망을 전달해 준다. 자신도 어려운데 말이다. 이런 내적 외적 어려움에서도 이동수 화백은 여전히 현장에 가면 즐거운 표정으로 열심히 자신의 일을 감당한다. 만화는 그가 현장에서 활동하기 위한 가장 강력한 무기이다. 영화나 설치 작업은 좀 더 큰 자본이 필요하고 재료가 필요하지만, 자신은 그림을 그릴 수 있는 공책과 펜만 있으면 된다. 자본주의 사회에서 적은 비용으로도 작업이 가능하고 대중에게 친숙하게 다가갈 수 있다는 만화만의 속성이 자신을 현장에서 버티게 하는 힘이라고 생각한다. 현장에서의 활동이 만만하지 않고 그 싸움이 언제 끝날지도 모르지만, 머릿속으로는 현장 노동자들이 이겨서 잔치판에서 재밌게 그림을 그리면서 노는 상상을 한다. 그래서 오늘도 그는 현장에서 캐리커처를 그리고 있다.

5장

미술계의 세대교체를 돕는 성소수자

미술평론가 **임근준**

미술계의 세대교체, 왜 필요한가

미술평론가 임근준은 오래 전에 커밍아웃한 성소수자이다. 한국에서 LGBTQ* 운동이 태동하던 1994년, 남성 동성애자 단체인 '친구사이'에서 동료와 함께 본격적인 성소수자 인권운동을 준비하고 시작했다. 1995년 서울대학교 재학생 신분으로 교내에 성소수자 인권운동 동아리를 조직했고, 한국동성애자인권운동연합, 한국대학생인권운동연합을 연이어 출범시켰다. 대표성을 띠는 게이인권운동가로서의 활동은 2000년에 접었지만, 이후로도 LGBTQ 권리 신장과 가시성 증진을 위해 다방면

* LGBTQ는 레즈비언(Lesbian), 게이(Gay), 바이섹슈얼(Bisexual), 트랜스젠더(Transgender), 퀴어(Queer)의 약자로서 성수소자 주체들을 대표하는 말이다.

으로 애쓰고 있다. 커밍아웃한 성소수자이자 미술평론가인 그는 이 책의 인터뷰에 참여한 다른 예술가와는 다른 의미에서 마이너리티 아티스트이다. 그는 주류 미술계에서 비교적 왕성하게 활동하는 비평가이고 다른 인터뷰 아티스트와는 다르게 예술행동의 현장에 직접 참여하지 않는다. 하지만 무엇보다도 성소수자로서의 정체성은 마이너리티 아티스트로서의 분명한 자기 입장을 표현하고 활동해 왔다.

임근준은 성소수자와 미술비평 관련하여 여러 권의 책을 냈다. 2015년에 나온 『여섯 빛깔 무지개』(워크룸프레스)는 2014년 6월 30일부터 12월 23일까지, 약 6개월간 20회 방송한 화제의 팟캐스트 '여섯 빛깔 무지개' 프로그램 참여자와 함께 만든 책으로 한국 동성애자 인권운동의 20년을 조망했다. 『예술가처럼 자아를 확장하는 법』(2011, 책읽는수요일)은 예술가의 자아 여행, 즉 남달리 거대한 자아를 획득하거나 공인받은 특정한 계기, 작품, 경험, 행위, 습관 등을 소개하고 설명하는 책이다. '가출'에서 '누드'로 대중 앞에 서기, 전성기에 돌연 은퇴를 고하는 '절정의 순간에 그만두기', 심지어 '죽음'을 불사한 고난이도의 에고트립 등 갖가지 행위로 자아를 갱신해 낸 거장들과 그들의 작품을 담고 있다. 『이것이 현대적 예술』(2009, 갤리온)은 현대미술의 핵심을 상세하게 다루는 책으로, 현대미술 작가의 출생 배경과 주변 인물과의 관계, 그리고 인간으로서의 성격 등 좀처럼 알려지지 않은 세세한 정보를 독자에게 친절히 전달한다. 이밖에 그

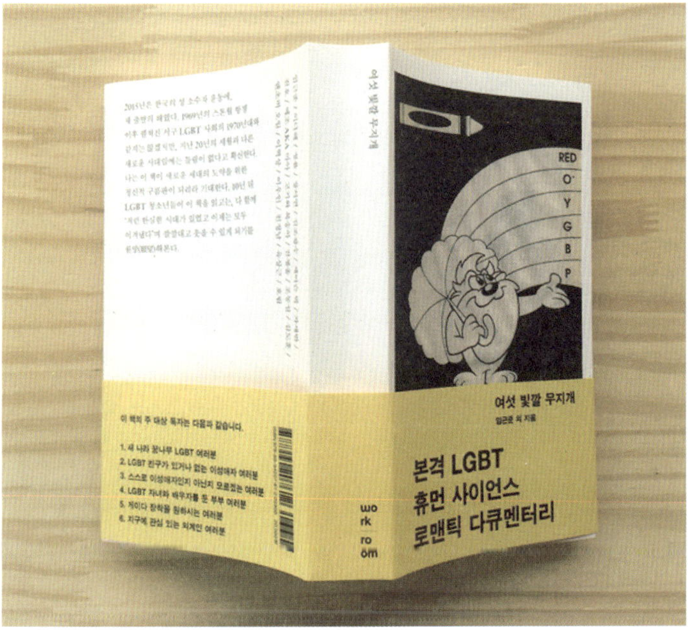

한국 동성애자 인권운동의 20년을 조망한 책 『여섯 빛깔 무지개』.

는 비평과 디자인 연구 분야에서 많은 글을 썼고, 아트선재센터 어시스턴트 큐레이터, 한국미술연구소 편집장, 월간 아트인컬처 편집장과 편집위원을 지냈다.

임근준은 자신의 미술비평 활동의 모든 정체성을 성소수자로 규정하려는 것에 반대한다. 최근에 그의 활동은 오히려 성소수자로서의 토픽보다는 미술비평계의 세대교체 담론에 집중하고 있다. 최근 몇 년 동안 동성애자 인권 선언과 공개적인 커밍아웃과 동성 결혼, 그리고 성소수자의 대표적인 축제인 퀴어 퍼레이드 등 성소수자의 인권과 문화를 위한 운동이 활발하게 이루어지고 있다. 하지만 그는 그럼에도 한국 사회에서 성소수자 운동은 다소 정체 상태에 놓여 있다고 비판한다. 적어도 자신의 관점에서는 정체성 정치학에 기반을 둔 예술운동은 바람직하지 않다고 보고 있으며, 성소수자라는 정체성이 반드시 예술 활동의 직접적 영역이어야 하는 것에 비교적 회의적 시각을 가지고 있다. 말하자면 게이 미술비평가라고 반드시 성소수자에 관한 비평, 전시 활동만 펼칠 필요는 없다는 것이다. 그래서 최근 활동은 주로 현대미술계의 구세대 비판과 새로운 세대교체론에 집중되어 있다. 그는 미술계의 화두로 두 가지를 생각하는 듯 보인다. 미술비평가 이전에 성소수자로서의 오랜 활동과 함께 그가 고민하는 예술계의 쟁점을 함께 이야기해 보았다.

◉ **친구사이**

한국 게이 인권운동 단체 '친구사이'는 한국 최초의 남성 성소수자 인권운동 단체이다. 1993년 창립된 '초동회'를 모태로, 성소수자의 인권을 보장하고 성소수자에게 차별이 없는 세상을 건설하는 것을 목표로 1994년 2월에 결성되었다. 성소수자를 향한 부정적 인식과 고정 관념, 국가의 불합리한 제도들이 여전히 차별과 혐오를 조장하는 상황에서 친구사이는 성소수자들이 행복하게 살 권리를 가지고 존재의 가치를 인정받도록 다양한 활동을 펼치고 있다. 친구사이는 동성애자와 성적 소수자를 향한 사회적 편견과 왜곡된 시각을 바로잡고, 동성애자의 인권을 보호하고 스스로 지키기 위해 노력하며, 동성애자들이 자긍심을 가지고 살 수 있도록 건강한 동성애 문화를 개발·확산시키며, 에이즈 예방운동과 HIV 감염인의 인권을 보호하는 것을 목표로 활동한다.

"근황이요? 세상이 바뀌었고 저는 평론가니까, 변화하는 상황에 관한 담론을 만들어서 다음 번 동적 공간을 만드는 게 제 의무이니, 그걸 열심히 하고 있죠. 어쨌든 2013년부터 미술 쪽에서는 세대교체 바람이 일어나서 1979년생부터 1989년생이 이전 세대와 선을 긋고 새로운 패러다임을 만드는 데 대충 성공했어요. 미술계에서는 2015년부터 2017년 초까지가 판단유예의 공간이었어요. 신생공간도 생기고 콜렉티브 공간에서 젊은 작가들과 큐레이터들이 활발하게 활동하고 있지요. 근데 이제 그 시간대가 무너졌기 때문에 지금은 또다시 각자도생이에요. 살 놈은 살고 죽을 놈은 죽을 시간이니까 거기서 역사로서 기록할 것은 기록하고, 또 다음 시공의 창출에 기여하며, 아직 어두운 새 길에 불을 밝히는 게 제 역할이겠죠."

임근준은 특히 미술계의 세대교체 필요성을 강조한다. 그가 생각하는 미술계의 세대교체란 무엇일까? 미술계의 세대교체는 인위적이고 의도적인 인적 쇄신의 의미보다는 새로운 마인드를 가진 젊은 미술가들이 자연스럽게 미술판을 바꾸는 것을 의미한다고 말한다. 이러한 젊은 예술가들이 지금보다 목소리를 더 많이 내도록 하는 것이 세대교체 운동이다.

"그들이 두각을 나타내야 현대미술에서 기존의 낡은 방법론을 폐기하고 다른 방법론으로 이동하면서 새로운 의제도 생기고 공통 의제와 주류에서 생각하지 못한 질문들이 생겨날 수 있잖아요?"

그는 개개인의 훌륭한 작가가 나오는 것도 중요하지만, 미술계에 세대교체라는 구체적이고 전체적인 전환이 일어나는 게 중요한 시기라고 말한다. 엉터리 시장의 논리에 잠식된 현대미술계의 위기를 극복할 수 있는 대안 가운데 하나가 세대교체이기 때문이다.

"2008년의 세계 금융 위기와 그로 인한 미술 시장의 거품 붕괴 이후, 전 지구화 시대에 맞춰 성장해 온 한국 현대미술계는 방향성을 상실한 채 땜질식 처방만을 반복해 왔습니다. 그래서 젊은 작가들을 위한 기회의 창은 크게 줄어들고 말았어요. 잘 알다시피 한국은 관료주의 사회이니까 최종적으로는 장기 불황시대의 일본 미술계가 그랬던 것처럼 관(공공기관)만 남은 게 아닐까 싶어요. 미술판은 크게 보면 학계, 시장, 공공기관으로 구분할 수 있는데, 미술대학은 제 기능을 하지 못하고, 시장은 극소수의 상업화된 것밖에 없고, 남은 게 관밖에 없어요. 관을 중심으로 작가들이 생존할 수 있는 새로운 구도를 창출하지 않으면 한국 현대미술도 일본 현대미술처럼 완전히 망조 상태에 빠질 수 있기 때문에 1980년생부터 1990년생 청년들에게 희망을 걸고 마지막으로 개혁을 시도해 볼 필요가 있습니다."

그렇다면 왜 미술시장은 2000년대 후반을 기점으로 붕괴 위기를 맞이했다고 말할 수 있을까? 임근준은 그 특별한 계기로 세계 금융시장에 큰 파장을 몰고 왔던 미국의 서프라임 모기지론 사태를 들었다. 그가 보기에 2008년의 세계 금융 위기는 예상했던 것보다 미술계에 크게 영향을 미쳤다. 돈 많은 졸부들이 미술품을 부동산처럼 구매하고 판매하다 보니, 미술계에 어마어마하게 악영향을 미쳤다는 것이다. 주류 미술시장은 한계에 봉착했다는 것이 그의 판단이다. 2008년 이후 국제적 명성을 얻은 한국의 대표적인 설치미술작가 양혜규가 미술시장에서 큰 호응을 얻은 경우를 생각하며 제2의 양혜규가 탄생하리라 기대하는 사람들도 있지만, 그런 기회의 시공은 이미 사라지고 없다. 양혜규 작가의 아래 세대가 처한 상황은, 팽창 지향의 전 지구화 시대에 활동하던 이들이 경험한 시공과는 판이하게 다르기 때문에 젊은 세대에게는 새로운 패러다임이 필요하다.

임근준은 새로운 패러다임 전환의 계기를 공공영역에서 찾고자 한다. 현재 자본에 의해 미술시장이 움직이는 상황을 기대할 수 없기 때문에 작가의 독자 생존을 위해 어느 정도 공공영역의 지원이 필요한 시점이다. 그러나 젊은 작가들이 공공영역에서 안정적으로 지원받고 활동하기가 쉽지 않아 보인다. 공공 미술관의 운영 형태나 한정된 예산으로 많은 젊은 작가들을 지원해줄 수 없기 때문이다. 임근준도 공공영역에 젊은 예술가들이 들어가는 게 쉽지 않다는 것을 인정한다. 그러나 공공영역을 어떻게 재편하느냐에 따라 다를 수 있다고 판단한다. 신자유주의 시대에 대규모 자본이 들어가는 설치미술 작품이나 대형 스튜디오를 기반으로 한 도제식 생산 시스템은 사실상 종말을 고했다고 보는데, 이러한 생산방식은 과거 기성세대에나 가능했다고 한다. 대신 젊은 세대에게는 큰 규모의 작업보다는 자신의 작업실에서 창작 활동을 유지할 수 있는 수준의 선순환 구조만 만들어 주면 재생산이 가능하다는 것이다. 소규모의 미술시장과 학계의 담론이 지원되고, 공공기관에서 새로운 프로덕션이 유지될 수 있을 정도의 제작비가 마련되고, 미술관에서 작품을 소장해 주는 시스템이 잘 마련되면 젊은 작가들이 어떻게든 생존을 모색할 수 있다는 게 그의 판단이다.

대안 미술공간과 공공 미술의 달라진 생태계

그의 이러한 설명 과정에서 한 가지 궁금한 점이 생각났다. 바로 1990년대 말부터 2000년대 초에 활발하게 진행되었던 대안공간 운동이다. 공공기관이나 대기업이 보유한 전시-거래 중심의 근대적 미술관의 한계를 극복하기 위해 만들어진 것이 대안공간이다. '풀', '사루비아 다방' '루프' 등이 대표적 대안공간이다. 대안공간은 2000년대까지 대안적 미술공간 운동을 주도했지만, 지금은 운영에 어려움을 겪고 있다. 대안공간보다는 공공 미술기관들의 공적 역할을 강조하는 임근준에게 대안공간의 의의와 한계에 대해 물어보았다. 그는 대안공간이 만들어지게 된 배경을 민중미술운동의 새로운 변화 모색에 따른 것으로

***

이강승, 무제(커버). 2018년.
해당 이미지는 임근준이 수집-축적했던 식민 조선기 성소수자 관련 이미지 아카이브에서 골랐다.

분석하면서도 동시에 1997년 외환위기 사태로 인한 해외 미술 전공 유학파들의 국내 복귀가 결정적이었음을 지적했다.

"1997년 외환위기가 터지고 그 이듬해에 미술계에도 큰 여파가 있었어요. 1980년대 말부터 미술대학 전공자들이 유학을 많이 가기 시작했는데, 외환위기 전까지는 국내에 들어오지 않았습니다. 경제 호황기였으므로, 대개 부모의 송금에 의지해 뉴욕이나 파리 등 현대미술의 중심지에서 거주하며, 신진 작가로서 곧 두각을 나타낼 수 있으리라 생각하던, 그런 시절이었습니다. 그러다가 외환위기가 터지고 난 후에는 안 돌아올 수 없었죠. 집이 망했으니까요. 그래서 한꺼번에 돌아왔는데 그 수가 생각보다 너무 많았습니다. 그들이 활동할 수 있는 공간이 필요했던 겁니다. 그중에 1997년에 광주 비엔날레 마치고 1998년에 도시와 영상전(2000년 미디어시티 비엔날레로 재편됨)의 주제가 '이시주'였는데, 그 전시회에 귀국한 유학파의 참여가 많았습니다. 1998년 쌈지스튜디오, 1999년 대안공간 루프, 프로젝트 스페이스 사루비아다방, 대안공간 풀이 개관하면서 유학 자유화 세대에게 새로운 활동의 장이 열렸습니다. 그런데 2000년대 중후반부터 위기가 찾아옵니다. 1세대 운영자들은 비교적 잘 운영했는데 2세대 참여자들 사이에서 상징자본의 대물림 경쟁, 헤게모니 싸움이 벌어지면서 파벌이 형성되고 운영에 파열이 생겨나게 되었죠."

임근준은 대안공간을 중심으로 활동했던 1세대도 구세대로 본다. 그는 대안공간이 대안적 활동의 역할을 충분하게 유지하지 못했을뿐더러, 공공지원을 받으면서 대안공간이 정체성을 잃고, 운영 면에서도 투명하지 않았다고 지적한다. 쌈지가 2008년에 대안공간 사업을 접은 것도 큰 위기를 보여 주었던 사건으로 보고 있다. 대안공간의 평가와 현재의 위기에 다른 입장과 평가가 있을 수 있겠지만, 그는 대안공간의 위기 때문에 역으로 공공 미술기관들의 위상과 역할이 상대적으로 커졌다고 판단한다. 그래서 그에게 공공 미술관의 역할이 커지고 젊은 작가들에게 기회를 많이 준다는 차원에서, 한국의 대표적인 공공 미술기관인 서울시립미술관과 국립현대미술관을 어떻게 생각하는지 물어보았다.

그는 먼저 서울시립미술관을 긍정적으로 평가했다. 2014년 김홍희 관장이 연임하면서 서울시립미술관의 기능과 역할이 확고히 정립되었다고 볼 수 있다. 과거 쌈지스페이스 시절에 했던 자율적인 운영 방식을 고수하고, 그때 진행했던 프로그램들을 가지고 들어와 공공 미술관의 관료적 분위기를 바꾸었다고 한다. 특히 학예사들의 전시 기획 권한을 강화시켜서 전문 전시 기획자들의 역량을 높여 준 것이 가장 큰 장점이다. 소장품 구매 과정을 매우 공정하고 투명하게 진행한 것도 큰 장점으로 보고 있다. 임근준은 특히 세대별로 지원을 하는 프로그램들을 기획한 것이 서울시립미술관의 또 다른 장점이라고 말한다.

“청년들이 2년에 한 번씩 하는 프로그램으로 세마 블루(SEMA BLUE)라는 게 있고. 위로 올라가면 세마 골드(SEMA GOLD)가 있어요. 연령대별로 프로그램이 있고 기획전도 있어요. 뉴 프로덕션이 나와서 신작을 제작하면 그 가운데에서 중요한 작품들은 소장을 추진하고, 그러니까 작가들이 관에서 지원을 받으면서 창작을 계속해서 이어 나갈 수 있는 플랫폼이 생긴 거죠.”

그렇다면 국립현대미술관은 상대적으로 잘 운영되고 있는지 그에게 질문해 보았다. 서울시립미술관에 관한 평가와 정반대였다. 다만 이 평가는 2년 전 인터뷰에서 한 것임을 참고하기 바란다.

“국립현대미술관은 한마디로 엉망진창이죠. 마스터플랜이 없는데 제대로 굴러갈 수가 없죠. 그런데다가 이원화되어 있었잖아요. 과천 팀하고 서울관 팀하고. 그리고 국립현대미술관이 법인화를 추진했었습니다. 미술계는 공공성이 무너질 것을 우려해서 법인화를 반대했죠. 사실 법인화를 반대하는 사람들이 정말로 겁내는 시나리오는 따로 있습니다. 파벌 다툼으로 독립행정법인의 운영이 위기에 빠졌을 때, 정부마저 방관하면 대책이 없을 것이라는 큰 두려움이 실존하는 것이죠. 과연 한국의 현대미술계엔 이런 문제들을 스스로 극복할 능력이 없는 것일까요?

그는 지역의 국공립미술관 역시 운영 사정이 크게 다르지 않다고 본다. 그가 보기에 경기도미술관과 광주아시아문화의전당 등 지역의 국공립미술관도 제대로 자기 정체성을 확고하게 가지고 운영하지 못하고 있다. 서울시립미술관을 제외하고는 공공미술관을 대체로 부정적으로 평가함에도 불구하고, 그는 여전히 미술계의 새로운 혁신과 젊은 미술가들의 세대교체를 위해 공공 미술관의 역할을 크게 기대하고 있다. 아마도 기업과 대규모 투자자본이 중심이 되어 움직이던 미술계의 성장이 더 이상 불가능해졌고, 물론 한계가 있긴 하지만 상대적으로 공공 미술 분야에서 지자체의 역할이 점차적으로 커졌다고 판단하기 때문이지 않을까 싶다. 미술계의 세대교체를 위한 공공 미술관의 역할과 현재 상황의 모순을 어떻게 극복할 것인가는 충분하게 논의하지 못했지만, 어쨌든 그는 세대교체가 미술계의 가장 큰 화두이고, 공공 미술관이 젊은 작가들이 활동할 수 있는 공간을 많이 열어야 한다는 점을 분명하게 주장했다.

성소수자로 커밍아웃하기

임근준은 고등학교 시절부터 현대예술운동과 역사에 매력을 느꼈다고 한다. 우연히 독일에 있는 바우하우스나 울름조형대학 등의 옛 디자인운동에 호기심을 갖게 됐고, 고교 졸업 후 서울대학교 미술대학에 진학해 디자인을 전공하게 됐다. 울름조형대학은 독일의 바우하우스 문화운동의 역사를 계승한 학교로서 1968년에 폐교되었다. 이 학교 소개 책자가 그가 디자인을 전공하게 된 계기가 되었다.

"울림조형대학을 소개하는 책자에 디자인이 사회의 공간 배치를 바꿔서 평등한 사회를 만들고 노동자와 시민사회의 역량을 강화하여 더 나은 사회를 만들 수 있다는 이야기들이 있던 걸로 기억합니다. 그래서 디자인을 배우면 사회를 그렇게 바꿀 수 있다고 생각했어요. 그런데 대학에 갔더니 우리나라 디자인 교육은 그런 게 아니더라고요. 대학교 들어가서는 디자인과 학생들과는 안 놀고, 사상적인 면이나 정신적인 면, 그러니까 조형에 정념을 어떻게 투사시키는가에 관심이 많은 소수의 학생들과 주로 어울렸던 것 같아요."

재학 시절에는 민중미술이나 노동자 문예운동 등에 관심이 많아 문화운동 조직에도 관여를 했다고 한다. 그런데 1990년대 초반부터 현실사회주의 체제가 붕괴되고 소위 노동자 문화운동이 소비 자본주의 문화에 휩쓸려 급격하게 퇴조하는 상황이 오자 많은 사람이 현실운동에서 떠나는 일이 발생했다. 그 역시 이러한 사회적 분위기에서 자유로울 수 없었다. 노동자 문화운동과 미술운동에 적극적으로 참여하고자 하는 것 대신에 그는 디자인 현장에서 직접 활동하는 것으로 자신의 진로를 바꾸었다. 재학 중에도 군대에 가기 전까지 디자인 스튜디오를 운영하며 돈을 벌었다.

그의 삶에 큰 변화가 찾아온 것은 군대에서 큰 부상을 당한 사건 탓이었다. 병원에서 장기입원하면서 많은 생각을 했는데, 그때 자신의 성정체성을 진지하게 고민했다고 한다. 물론 그는 성소수자로 자신의 정체성을 오래전부터 인지하고 있었지만, 그것을 하나의 운동으로 생각해 보지는 않았다. 병원에 입원하면서 자신의 몸과 정체성을 많이 생각하게 되었고, 농민이나 노동자 계급을 대리해서 뭔가 해야 한다는 생각보다 자신의 정체성을 먼저 고민하는 것이 더 중요하다고 생각했다. 이때부터 그는 LGBT 운동을 본격적으로 전개해 보기로 마음먹었다. 그렇게 생각한 시점이 대체로 1994년 즈음이었는데, 1995년부터 대학가를 중심으로 성소수자 운동이 본격화되었다. 그는 말하자면 본격적으로 LGBT 운동을 시작한 1세대에 속한다.

"성소수자 운동은 1995년에 시작한 거죠. 해외 LGBT 운동의 역사를 고려한다면 크게 늦었다고 봐야 합니다. 1994년 건강을 회복한 뒤 복학을 하고 4학년 졸업 작품전을 준비하기 전에 커밍아웃을 했습니다. 졸업 작품을 준비하는 마지막 학기였으니까 이것저것 작업을 준비하고 있었는데, 그때 성소수자 다큐멘테이션 작업을 했습니다. 한국에서 성소수자 운동이 일단 서사화가 안 되고 가시화가 안 됐었으니까 그것부터 정리하는 게 필요하다고 생각했습니다. 그래서 당시 한국에서 유일한 게이 커뮤니티 단체인 '친구사이' 회원들을 인터뷰했습니다. 인터뷰 과정에서 많은 한계를 느꼈고, 우리나라에서 먼저 필요한 것은 문화운동이 아니라, 인권운동이라는 것을 깨달았습니다. 인터뷰를 하면서 '친구사이' 회원들과 친해졌고, 이분들과 협의하여 대학 지부를 만드는 것을 기획했습니다. 당시 대학교에 LGBT 단체를 만드는 것은 쉽지 않은 일이었습니다. 서울대학교, 연세대학교, 고려대학교 등에서 함께 이 문제를 고민했는데, 많은 이견이 있었죠. 친구사이에 있던 기존 멤버 분들이 사회에서 지탄을 받으면 책임질 거냐고 부정적이어서 처음에는 연계를 거부했어요. 그러다 서동진 씨가 먼저 터뜨려 연세대학교에서 먼저 단체가 결성되었어요. 그 후에 제가 있던 서울대에도 연동해서 생겨난 겁니다."

당시 대학가에서 성소수자 운동은 큰 반향을 일으켰다. 1980년대 학생운동의 강력한 영향력이 아직 남아 있던 때였기에 당시 성소수자 운동을 제기하는 것은 한국 사회 변혁의 대의를 위해 숨겨야 할 일종의 금기였다. 한총련 사태 이후 학생운동에 큰 변화가 있었지만, 그때까지만 해도 대학 운동권의 자장 안에서 LGBT 운동을 연계한다는 것은 매우 충격적인 사건이었다. 1990년대 중반에 커밍아웃한다는 게 쉬운 문제가 아니었지만, 나름 커밍아웃하는 학생들이 많았다고 한다. 아니 커밍아웃할 수 있는 커뮤니티가 처음으로 생겨난 것이기 때문에 매우 적극적이었다. 그래도 LGBT 운동은 일반 대학생들에게는 여전히 낯선 것이었다. 초기 활동은 소식지 만들고 행사 관련 대자보도 붙이고 상담 활동을 전개하는 정도였다. 당시에는 지원 같은 것이 없기 때문에 모두 각출로 충당했다고 한다. 대학 도서관 등에 대자보를 붙이면 바로 없어지곤 했다고 한다. 사실 당시에 동성애자 운동에 반대하는 사람들의 논지라는 게 별 거 없었다. 그냥 안 된다는 것이고, 한국 사회에서는 시기상조라는 말만 반복했다.

> "학교에서 커밍아웃했을 때도 그런 반응이었죠. 한국에 게이는 너밖에 없다. 본 적이 없다. 뭐 이런 말도 안 되는 소리를 지겹도록 들었어요."

임근준이 당시에 받았던 흥미로운 반응은 오히려 우파들은 열심히 하라고 하는데. 진보적인 척하는 민족주의적 좌파들이 부들부들 떨면서 "이건 시기상조다, 전선을 흐트러뜨리고 있는 거다"라는 비판을 많이 했다는 것이다. 한국의 LGBT 운동은 사실 보수진영이나 진보진영 양쪽에서 환영받지 못하고 시작된 셈이다. 어떻게 보면 20여 년이 지난 지금 한국의 성소수자 인권운동은 많이 개선된 것처럼 보이지만, 그가 보기에 1990년대

중반 LGBT 운동이 처음 시작된 때나 지금이나 크게 달라진 것은 없다. 다만 일반인들의 인식이 조금 달라졌을 뿐이지, 운동 방식은 달라진 게 없다. 그는 오히려 외환위기 전까지는 LGBT 운동이 다양하게 진행되었다고 판단했다. 그렇다면 외환위기 사태가 LGBT 운동에 어떤 영향을 주었을까? 궁금해서 질문해 보았다.

그는 경제 위기가 전체적으로 사회 분위기를 경직되게 만들었고, 그래서 여성운동이나 LGBT 운동도 위축될 수밖에 없었다고 말한다. 1997년 이전에는 특히 교포 출신의 게이나 레즈비언이 한국에 많이 들어와서 직업도 얻고 운동에도 기여하고자 했다. 그런데 외환위기가 터지면서 그들이 한국을 떠나고, 동성애자 문화와 관련된 격렬하고 급진적인 논쟁들도 많이 사라졌다고 한다. 임근준 역시 1990년대 중후반을 성소수자 인권운동과 디자인 활동, 현대미술활동을 동시에 사고하기 굉장히 좋았던 시기로 기억한다. 특히 게이 레즈비언 운동의 이론적 비평적 근거들을 만드는 데 있어 학제적 연구의 필요성이 제기되던 시기여서 담론적 실천을 병행하기 좋았다. 성소수자 인권운동 단체가 허락하는 운신의 폭은 넓지 않았지만, 대안적인 문화공간에서 성소수자의 삶과 욕망을 주제로 전시회를 열고 토론회를 조직하는 식의 담론적 실천은 매우 긍정적인 결과를 얻어낼 수 있었다.

임근준은 1996년에 문화운동가 최정화가 운영하는 대학로

'살'에서 성소수자를 주제로 이동기와 2인전을 개최하고, 당시 게이와 트랜스젠더를 구분 못하던 시기에 금호동에 처음으로 게이나 트랜스젠더들이 모여서 작은 공동체를 형성했던 시기의 이야기를 바탕으로 퍼포먼스를 전개했다. 그리고 LGBT 활동은 그 당시에는 계몽적 운동의 성격이 강했기 때문에 동료들과 함께 여름이면 인권운동캠프도 열고, 서로 네트워크를 만들도록 영화제를 기획하고, 자금을 마련하기 위해 일일호프도 열었다고 한다.

미술활동과 성소수자 운동

임근준은 1990년대 후반부터 LGBT 운동 차원에서 미술 전시 기획이나 전시 활동들을 꾸준하게 했다. 그는 1990년대 민중미술의 변화 모색기에 성소수자 운동과 민중미술을 함께 고민하는 상상을 했다. 최정화, 이불 같은 새로운 스타일의 작가들의 등장을 보면서 포스트민중미술의 가능성을 보았다. 그런 과정에서 모더니즘과 민중미술 양자를 모두 긍정하는 방향으로, 어떻게 새로운 역사관을 창출하고 또 그를 바탕으로 동시대성의 시공을 개척할 것인지 고민했다. 그가 보기에 IMF 경제 위기를 겪은 후에 미술계도 큰 변화가 일어났는데, 그러한 변화를 한마디로 정리하면 포스트민중미술의 등장이다. 포스트민중미술은 1980년대의 민중미술 유산을 역사적으로 계승하면서도 동시에 박모 씨 같은 해외에서 미술이론을 공부한 사람들과 민중미술계의 젊은 세대 작가들이 함께 모여 새로운 판을 짜는 데서 비롯되었다. 이른바 이러한 경향을 임근준은 컨템퍼러리 아트로 정의하고자 한다. 1990년대 말 컨템퍼러리 아트로 명명할 수 있는 미술계의 새로운 흐름에서 성소수자의 담론은 어떤 위치에 있었을까?

"1990년대 포스트콜로니얼리즘이 중요한 이론적 쟁점이었을 때, LGBT 담론이 가야트리 스피박이 말한 서발턴(subaltern)의 입장에서, 즉 하위주체의 입장에서 정치적 발언권을 행사하기 시작한 때였기 때문에, LGBT 담론들이 두각을 나타내기가 굉장히 쉬웠던 시절이었죠. 특히 1993년 휘트니 비엔날레 서울전에 참여한 작가들 중에 게이 레즈비언이 많았어요. 사실히 작품도 성소수자 주제들이 많았죠. 그 전시 작품을 보면서 한국 사람들은 다들 이게 현대미술이구나, 모더니즘도 끝났고 민중미술도 끝났고 이제 이런 게 진짜 새로운 현대미술이구나 생각하지 않았을까 합니다. 의외로 구미 급진 문물의 유입에 사회적 거부감이 그리 크지 않았을 때에요. 1990년대 하위주체와 관련된 담론들은 미술계에서는 대안공간을 활용해 창작과 활동으로 이어진 편인데, 대안공간에서는 다들 쿨하게 게이 레즈비언 이슈에 열린 자세를 취하다 보니까, 잠시 잠깐 한국이

동시대성을 획득한 것처럼 보였죠. 그런데 그것은 착각에 불과했습니다."

임근준은 성소수자로서의 자신의 정체성과 미술비평가이자 큐레이터로서의 활동 영역이 서로 연계되어 있다는 점을 잘 인식하고 있다. 하지만 정체성 정치학의 한계에는 명확히 선을 그었다. 성소수자로서의 정체성이 미술계의 활동에서 역으로 어떤 경력의 수단으로 고려되는 것을 좋아하지 않기 때문일까. 임근준은 성소수자 운동이 미술계에서 활발하게 논의되는 시점에서 LGBTQ를 대표하는 미술가이자 디자이너로서 활동하는 걸 그만두었다고 한다.

"좀 구리더라고요. 내가 성소수자라는 걸 기반으로 창작하는 게 장점도 있지만, 자칫 잘못하면 토크니즘(tokenism)이 될 수 있기 때문이죠. 주류 사회에서 마이너리티에게 주는 포지션이 있는데 누군가 한 번 그 토큰을 쥐고 나면 영원히 쥐고 있지 남에게 나눠 주기 어렵게 되고 말거든요. 그게 자의든 타의든 간에요."

이 말은 그가 성소수자로서 자신의 정체성을 문화적 활동으로 이어 나갈 때, 그것이 또 다른 주류에 대한 욕망이 될 수 있다는 것을 경계하는 것으로 해석할 수 있다. 그는 성소수자로서의 재현과 담론 연구를 미술비평활동에 적극적으로 접목하기보다는 오히려 미술계 현실에서 중요한 이슈가 무엇인지를 탐구하는 방향으로 나갔다. 그는 1990년대 말부터 플라잉시티 그룹과 같이 도시공간 연구에 관심을 가지고 황학동 프로젝트를 시작하여 청계천 중심으로 빈민의 역사를 기록하는 작업에 참여했다. 그리고 졸업 후 동아일보 신문박물관을 만드는 일에 참여하기도 했고, 아트선재센터 큐레이터 활동도 잠시 했다. 각기 시작한 일들이 오래가지는 않았는데, 아트선재센터 큐레이터를 끝으로 이러저러한 미술관에서 학예실장 제의가 들어왔지만 사양하고 그 후로는 평론 활동만 하기로 결심했다고 한다. 아무래도 자유롭게 살고 싶은 그의 삶의 태도가 안정된 직장과 맞지 않았나 보다.

임근준은 성소수자의 정체성을 가지고 창작과 비평 활동을 하는 2000년대 이후의 상황에 비판적인 관점을 견지한다. 본인 활동에 대해서도 그나지 성소수자 운동과 미술비평 활동의 연계가 쉽지 않다는 말을 남겼다. 그는 지금은 "옛날 구닥다리 퀴어 이론을 갖고서는 성소수자의 다양해진 현실을 온전히 담아내기 어려운 시대"라고 말한다. 성소수자 운동과 미술 운동을 별개의 것으로 생각하지는 않지만, 그것을 잘 구현해 낸 경우가 한국에서는 많지 않다는 것이 그의 판단이다. 문학, 영화, 미술, 대중음악 분야에 성소수자로 활동하는 예술가들이 생각보다 많지만, 새로운 사상과 실천 방법론으로 주목받는 사람은 많지 않다. 미술계에 성소수자가 상대적으로 많은지 물어보았다. 그는 미술계에 더 많다는 건 편견 같아 보인다고 말했다. 그는 딱 인구 비례만큼 있는 것 같다고 말한다. 미술비평과 성소수자 운동의 상관성을 바라보는 입장 역시 강박적인 태도를 보이지 않는다.

"미술비평과 성소수자 운동이 별개라고 생각하지 않아요. 아무튼 여전히 예술계에서 열심히 활동하는 LGBTQ들이 있고, 자신의 성정체성과 욕망을 조형언어로 풀어내고자 할 때에는, 그걸 이성애자들의 방식으로는 잘 풀어낼 수 없기 때문에, 굳이 구미의 성정치학에 기대려 하지 말고, 뭐가 됐든 새로운 길을 좀 더 과감히 모색하면 좋겠어요."

논란이 되었던 시청광장 앞 무지개 퍼레이드 역시 긍정적으로 평가하지만 다른 한편으로는 내부의 서로 다른 의견의 충돌을 우려하고 있다.

"국제적 동성혼 법제화 바람 때문에 한국의 LGBTQ 청년들도 적잖이 자극을 받았고, 또 실제로 사고방식도 크게 변화했어요. 이전에 한국 프라이드 퍼레이드엔 참여자들 사이에 다소 어색하고 주눅이 든 것 같은 특유의 분위기가 있었어요. 엄청 촌스럽다 해야 할까. 그런데 요즘 퍼레이드에는 그게 없어졌어요, 지난 몇 년 동안 진행된 퍼레이드는 엄청 성공적이었어요. 그런데 한편으로는 동성혼 법제화 이슈가 수면으로 올라오긴 했는데, 그게 국내에선 제대로 진행되지 않다 보니, LGBTQ 운동 하시는 분들이 느끼는 바가 있는 거죠. 아, 우리는 국제적 동성혼 법제화 바람에 올라타지 못했기 때문에 앞으론 독자적으로 한국사회에 더 특화된 운동의 길을 개척하지 않으면 안 되겠구나 하는, 위기감 같은 게 있죠."

임근준은 퀴어 퍼레이드 안에서 김조광수와 김승환 부부가 계속해서 운동이슈로 삼고 있는 동성혼 합법화 운동이 중요한 의제로 제기되어야 한다는 입장이다. 그런데 최근 퀴어퍼레이드를 보면 대중들의 관심은 높아졌지만, 그 퍼레이드의 슬로건은 단지 우리의 존재를 위해 파이팅 하자는 다소 추상적인 것이었다고 본다. 퀴어 퍼레이드를 반대하는 보수파들의 조직은 더욱 강해지는데 변화한 상황에 맞춰 성소수자 운동의 지향점이 잘 도출되지 못하고 있다는 것이다.

예술인 복지를 바라보는 다른 생각

임근준에게 최근 이슈가 되고 있는 예술인 복지에 대해서 다른 인터뷰 작가들과 마찬가지로 물어보았다. 그는 인터뷰한 다른 아티스트에 비해 예술인 복지 정책에 비판적이었다. 전업 비평가로 활동하면서 생활의 어려움이 없는지를 먼저 물어보았는데, 어쨌거나 자신이 여전히 살아 있는 것만 보면 최소한 유지는 되는 게 아니겠냐고 웃어 넘겼다. 물론 자신의 비평 활동이 앞으로 생계에 큰 지장을 주지 않을 거라는 확실한 자신감이 있는 것은 아니었다.

"앞으로 어떻게 될지 모르겠어요. 워낙 지면이 많이 없어지고 있으니까. 게다가 다 똑같죠. 요즘은 책 팔아서 먹고사는 게 아니라, 책을 내면 그걸로 강연을 해서 먹고사는 거죠. 어찌 보면, 한계점에 이른 마돈나와 똑같은 거죠. 음반 팔아서 먹고사는 게 아니라 콘서트 투어 돌아서 먹고사는 것처럼요."

정부와 서울시가 가난한 예술인을 위한 복지정책에 나름 신경을 쓰고 있는 점에 크게 기대하지 않는다는 입장을 가졌다. 예술인복지재단이 시행하는 창작 준비금이나 서울시가 추진하는 예술인 공공임대주택 등도 근본적 해결책이 되기 어렵다는 의견을 견지했다. 그는 말미에 공공임대주택의 경우에 혹시 LGBTQ들이 말년에 함께 공동임대주택을 만들어 보는 것은 좋을 것 같다는 의견을 피력하는 정도였다. 임근준이 생각하는 예술인 복지정책은 다른 그림이다. 그는 예술가들에게 직접적인 생계 지원보다는 창작 환경을 더 충분하게 만들어 주는 것이 더 좋은 복지정책이라고 판단한다. 창작 지원이 중요하지 생활 지원은 아니라는 것이다. 자유로운 영혼을 가진 예술가들이 국가에게 무조건 복지를 책임지라고 하는 것은 말이 안 되는 주장이라고 본다. 최근 미술계에서 쟁점이 되고 있는 예술가 사례비(artist fee) 역시 최소한으로 생각하는 것이 바람직하다고 생각한다. 예술인들의 실업급여 역시 되면 좋겠지만, 그것이 정말 필요한 예술가들에게 돌아갈까 하는 데는 의구심을 갖고 있다. 그는 언급했듯이 창작 지원을 지금보다 훨씬 많이 늘리는 것이 진정한 예술인 복지라고 생각한다.

"예술인들에게는 창작에 필요한 제작비와 스튜디오 제공이 제일 중요하죠. 그리고 어쨌든 제일 중요한 건 중요한 작품이 나왔을 때 소장해 주는 거예요. 소장한 다음에 연구를 하는 거죠. 그런데 우리나라는 미술관들의 소장 기능이 엉망이니까 작품을 사도 창고에 두고 다시 안 꺼내요. 연구를 안 하죠. 그 인력이 없어요. 게다가 우리나라 국공립미술관이 인원이 엄청 많은데, 작품을 관리하는 게 큐레이터가 아니라 레지스트라고 따로 있어요. 소장품 관리 전문가와 팀이 따로 있으니, 학예실의 큐레이터들이 소장선에 자유롭게 접근해 작품을 대면하고 연구하기가 다소 어려워요. 따라서 조직과 운영 방식을 조금 개선할 필요가 있습니다."

임근준은 국공립미술기관의 수장고에 쌓아 놓은 작품들만 잘 오픈하고 연구하고 전시 기획을 해도 미술계가 새로운 활력을 얻을 것이라고 생각한다. 그는 예를 들어 미국 로스엔젤레스에는 모카(MOCA: Museum of Contemporary Art)가 박물관에 있는 소장품들을 외부 대안 공간에 대여해 주고 있음을 상기시켰다. 서울시립미술관이나 국립현대미술관이 1950년대부터 지금까지 시대별로 소장하고 있는 작품들을 바탕으로 한국 근현대 미술사를 새로이 해석해 제시해야 하는데 한국에서는 미술관들이 역사쓰기를 주저하고 있다는 것이다.

"창고에 처박아 놓고 그걸로 끝이에요. 이것을 연구할 수 있게 활성화시키려면 연구 인력들에게, 큐레이터들에게, 민간에게 오픈해야 하는데 이걸 오픈하기 싫어하죠. 왜냐하면 이걸 오픈하면 자꾸 책잡히게 되니까, 문제점이 드러나니까요. 요즘 독립 큐레이터는 씨가 말랐어요. 작가는 그래도 계속 나오지만요. 문제적 큐레이터가 배출되지 않는 건 한국에서 기회가 없어서예요. 아예 멍석이 안 깔리니까요."

임근준은 인터뷰 시작과 끝에 모두 미술계, 특히 전시 기획 분야에서 세대교체와 함께 젊은 큐레이터에게 더 많은 기회를 제공해 주는 것이 중요하다는 의견을 거듭 강조했다. 미술계에서 야심만만한 큐레이터들이 더 이상 배출되지 않는 것이 가장 큰 문제점이라고 지적했다. 현재 한국의 현대미술계를 주도하는 큐레이터들은 과천국립현대미술관이 생길 때 참여한 1기 학예연구원들을 비롯한 소위 386세대의 기획자들이다. 이들이 국공립 전시 기획 분야의 가장 높은 자리에 올라갔지만, 젊은 큐레이터들이 양성되지 않고 재생산되지 않는다고 했다.

"젊은 큐레이터에게 기회가 없어요. 작가들은 어떤 식으로든 기회를 얻어서 해외 전시라도 가끔 둘러보고 자극을 받아요. 그런 자극이 필요하거든요. 우리 문학계를 보면, 해외 나가서 교류할 기회가 없으니까 우물 안 개구리 같은 소리나 반복하고 있잖아요. 문학 평론도 우리 문학을 세계 문학 흐름과 대차대조해서 비평해 낸 인물을 생각해 보면, 김현 작가 이후로 아직 없는 거 아닌가요? 우리나라 미술계도 세계화의 기류를 타면서 촌티를 벗었었는데, 이제 다시 우물 안 개구리 같은 성격이 돌아오고 있어요. 어떤 면에선 일본 미술계의 갈라파고스화를 닮았죠."

세대교체와 성소수자적 상상력

임근준에게 마지막으로 한국에서의 LGBTQ 운동으로서의 예술운동, 미술운동의 전망이 어떤지 물어보았다. 그는 동시대

LGBTQ 운동과 예술운동의 결합에 긍정적인 전망을 내리지 않는 편이어서 정말 희망이 없는 것인지 물었다.

"아니오. 망하라는 법은 없으니까요. 일단 버텨 봐야겠는데, 지금 당장은 흥하는 단계가 아닌 거죠. 위기는 위기예요. 왜냐하면 일단 LGBTQ가 뉴노멀(new normal)이잖아요. 정상인이 됐어요. 위계적 낙차가 거의 없잖아요. 그러면 그걸로 뭘 할 수 있겠어요. 미국으로 치면 지금 LGBTQ가 빌 클린턴 정부 때 신주류로 격상된 히스패닉 같은 처지가 됐는데, 사실 히스패닉이 신주류로 격상되면, 히스패닉 아트로 대안을 모색하거나 저항을 꾀하기는 오히려 어려워지잖아요?"

일반적으로 생각할 때, 성소수자 문화에 사회적 편견이 갈수록 줄어드는 상황이면 오히려 입지가 더 커질 거라고 생각할 수 있는데, 그는 오히려 그 반대가 될 수도 있다고 생각한다. LGBTQ에 사회적 거부감이 줄어들수록 독립된 성소수자 문화와 예술이 활성화가 될 것이라는 생각은 착각이라는 것이다. 어려운 시절에 더 많은 저항예술이 생기는 거처럼 이른바 성소수자에 관한 대중적 관심이 어설프게 확산되면 LGBTQ 운동의 대안적 성격도 퇴색할 수 있다는 것은 충분히 일리 있는 말이다.

그에게 마지막으로 하고 싶은 프로젝트를 질문했다. 그는 여전히 미술계의 세대교체에 관심을 가지고 있었다. 그가 보기에

***
안은미의 작품 '플리즈 터치 미'에서 공연하는 모습.
가야금 연주자는 고지연.

한국에서 1970년대 중후반에 태어난 이들은 세대교체에 실패해 설 자리를 잃은 피해자 세대다. 나이로 보면 40대 초중반의 작가나 기획자라고 볼 수 있는데, 외환위기로 인해 소위 88만 원 세대로 전락한 그들이, 실제로는 1980년대생 작가들보다 더 소외됐다는 것이다. 임근준은 앞으로 미술계의 새로운 세대교체를 위해 청년 예술가를 지원하는 환경을 만드는 데 자기 역할을 다하겠다는 포부를 밝혔다.

"미술계에서는 1990년생들이 중요합니다. 한국의 인구 통계 그래프를 보면, 1990년대에서 2000년대로 넘어가는 시점에 인구 절벽 현상이 극심하게 나타납니다. 출생 인구가 2003년 이후 몇 년 사이에 반 토막이 나죠. 이들은 아직 미술계에서 데뷔하지 않은 세대입니다. 그런데 1990년대 후반에서 2000년대 초반 생들은 아주 오래 청년세대로 남을 가능성이 높습니다. 일본에선 무라카미 다카시가 발굴한 1970년대 중후반 세대 작가들이 아주 오래도록 청년 취급을 받았어요. 40대 초중반의 작가인데도 신진 취급을 받는 고령화 사회 특유의 현상들이 한국에서도 일어나기 시작한 것 같습니다. 이른바 청년 잉여 현상으로 주류 노동시장에 진입 못하고 배제되는 시간이 오래될수록 미술계에서도 청년세대의 주류 진입이 장기 지체될 수 있습니다. 제 역할은 조력자 정도입니다. 1990년대생 미술인 가운데 정말로 새로운 아이디어를 바탕으로 활동을 전개하는 경우가 있다면, 그런 이상이 제때에 꽃을 피우도록, 서로 연결되지 않던 지점들 사이에 잠깐 다리를 놓는 것, 그리고 그들이 거둔 성취에 빛을 비추고 기록하는 것. 딱 거기까지가 제 역할이라고 생각합니다."

6장

마이너리티를 위한 다큐멘터리 연출의 힘

다큐멘터리 감독 **김일란**

NEW

내가 아는 김일란 감독

김일란과 나는 아주 오래 전부터 알고 지내던 사이다. 1990년대 중반 내가 참여하였던 서울문화이론연구소에서 문화이론 세미나를 함께하면서 처음 알게 되었고, 그 후로 내가 당시 관심을 기울이던 청소년 하위문화 현장 연구 프로젝트에 참여해서 주로 가리봉동 청소년들을 현장관찰기록 할 때 함께 근접거리에서 연구할 기회가 있었다. 김일란 감독은 서울문화이론연구소의 후신인 문화사회연구소에서도 함께 활동하다 여성주의 문화운동과 성소수자 인권운동을 하는 '연분홍치마'를 만들면서 독립하였는데, 그 뒤로는 자주 만날 기회가 없었다. 한국 사회 성소수자와 성노동자 관련 다큐멘터리 제작에 관심이 많아 첫 번째 작품 〈마마상, Remember me this way〉를 연출한 이후 나는 줄곧 김일란 감독과 만날 기회를 갖지 못하고 뒤에서 격려하는 정도의 역할만 했다.

그러다 그녀가 용산참사를 다룬 다큐멘터리를 만든다는 소식을 듣고 가끔 만날 때마다 근황을 묻곤 했다. 2012년 홍지유 감독과 공동으로 연출한 〈두 개의 문〉이 상영되면서 그녀는 일약 다큐멘터리 영화계의 주목할 만한 감독으로 부상했다. 이 영화는 용산참사의 가해자와 피해자의 법적 재판 과정을 중심으로 재난 실체에 접근하고자 했다. 독립영화로는 드물게 지금까지 누적 관객 수 7만 6천여 명이 관람했을 뿐 아니라, 농성 현장 진압에 투입된 경찰의 시선에서 이야기가 전개되어 매우 신선하기도 했다. 나는 이 영화를 보고 어느 인터넷 신문에 〈두 개의 문〉과 관련하여 리뷰를 게재하였는데, 특히 사실과 허구의 경계를 허무는 이 영화의 인터-픽션 장치를 강조했다. 내 칼럼의 일부를 소개하면 다음과 같다.

◉ **"〈두 개의 문〉 화제, 도대체 어떤 다큐이길래…"**

두 번째 재료는 앞서 설명한 대로 인터뷰에 참여할 증언자들을 확보할 수 없었던 한계를 극복하기 위해 마련된 '인터-픽션(inter-fiction)' 장치이다. '인터-픽션' 장치는 사실과 허구의 경계를 허무는 장치로서 사실의 구성적 한계를 허구로 재연하는 것을 말한다. 그런 점에서 픽션은 허구가 아니라 사실의 재연으로서 '픽션적 리얼리티'를 추구한다.

영화는 사건에 투입된 경찰특공대들을 직접 인터뷰할 수 없음을 스스로 잘 알고 있다. 그래서 영화는 사건 직후 경찰에서 이들이 진술한 내용을 재연하기로 결심한다. 영화에 인터뷰한 김형태 변호사의 언급대로, 사건 직후 경황이 없는 상황에서 경찰에 진술한 경찰특공대원의 증언이 진실에 가장 부합한 내용일 수 있는 바, 영화는 이들의 증언을 놓치지 않는다. 그래서 영화는 이들이 경찰에서 진술한 내용을 내레이터를 통해 그대로 읽어내려 간다. 내레이터의 재연 장면은 진술서의 기술 내용에 해당되는 시간에 맞추어 있다. 용산참사 현장에 투입되기 위해 특공대원들을 실은 버스는 아무도 없는 도로를 질주하며 대단히 무감각하게 그려지지만, 한편으로 다소 공포에 휩싸인 젊은 특공대원들의 감정을 잘 표현한다. 버스가 질주하는 시점은 카메라의 시점이지만, 현장으로 가는 특공대원의 시점이기도 하다. 관객들은 특공대의 진술서를 있는 그대로 읽는 내레이터의 말에서 용산 철거민들을 진압하기 위한 공권력의 계획과 작전이 얼마나 부실했는가를 간파한다.

흥미로운 것은 이 영화에서 선보인 '인터-픽션'의 허구적 장치

***

다큐멘터리 영화
〈두 개의 문〉 포스터.

가 용산참사의 무의식을 너무나 잘 보여 준다는 점이다. 〈두 개의 문〉의 인터-픽션 장치는 당사자 인터뷰가 불가능한 상황에서 상황 재연을 위해 불가피하게 마련된 것이다. 그런데 이런 불가피성이 '증언의 재연'과 연결되면서 오히려 실제 증언 안에 감추어진 무의식을 건드린다. '상황의 재연'이 '증언의 재연'에 감추어진 무의식을 호출하는 것, 이것이 이 영화에서 인터-픽션이 가지는 의의다. 인터-픽션의 장치를 통해 진술의 억압된 무의식은 영화의 텍스트 밖으로 회귀하게 된 것이다. 이것이 세 번째 재료인 재판에 출석한 증인들의 증언에 대한 반전적인 독해와 연결된다.

– 이동연, 프레시안, 2012. 6. 18.

김일란 감독의 이러한 촬영과 시나리오 기법은 아마도 그녀가 영화 연출과 제작에 본격적으로 뛰어들기 전에 문화이론을 공부하고 청소년 현장관찰기록을 경험했던 덕분이 아닐까 생각했다. 그녀 역시 이번 인터뷰에서 과거 서울문화이론연구소에서 함께 고민했던 이론과 현장 연구의 학습 효과를 계속해서 강조했다. 그녀는 이혁상 감독과 함께 〈두 개의 문〉의 후속작으로 용산참사를 피해자의 시선에서 담은 〈공동정범〉을 세상에 내놓았다. 2018년에 개봉된 〈공동정범〉은 용산참사 이후에 철거민들의 진상규명운동이 얼마나 힘든 싸움의 연장이었는지를 솔직담백하게 그려 내고 있다. 〈공동정범〉은 참사의 현장에 있었고 참사의 진상규명을 위해 싸웠던 분들 안에 어떤 갈등과 아픔이 있었는지를 드러냄으로써, 용산참사의 깊은 이면을 영상에 담고자 했다. 비록 〈두 개의 문〉에 비해 관객이 적게 들었지만, 완성도에서 〈두 개의 문〉 못지않았다고 생각한다.

'연분홍치마'를 만든 이래 한국 사회 성소수자와 성매매 여성, 트랜스젠더, 용산참사 등 쉽게 다룰 수 없는 이야기를 줄기차게 연출하고 제작하는 김일란 감독이야말로 '마이너리티 아티스트'의 출간 기획에 아주 어울리는 예술인이 아닐까 싶다. 안타깝게도 김일란 감독은 위암 판정을 받아 큰 수술을 받았지만 다행히 지금까지 건강하게 지내고 있다. 아직까지는 큰 이상이 없지만 항상 주위를 요하는 상황이라 활동을 병행하는 일이 조심스럽다. 다행히, 최근에 연분홍치마 창립 15주년을 맞아 마련한 조촐한 기념의 자리에서 만나 오랜만에, 근황을 물었다.

"〈두 개의 문〉 후속작인 〈공동정범〉을 마무리해서 DMZ 국제다큐멘터리 영화제와 부산국제영화제에서 상영했어요. 이 영화는 〈두 개의 문 2〉라고 할 수 있어요. 〈두 개의 문〉 후속작이긴 한데요. 조금 다른 지점에서 고민이 되는 작품이어서 〈두 개의 문〉과는 독립적인 작품처럼 갔으면 했죠. 그래서 따로 이름을 지었어요. 연장선에 있죠. 용산참사를 다루는데, 경찰의 시각으

◉ **연분홍치마**

2004년 '성적소수문화환경을 위한 모임'으로 발족한 연분홍치마는 여성주의 삶을 지향하며 일상 경험과 성적 감수성을 바꾸어 나가는 감수성의 정치를 실천하고 새로운 성적 문화 환경을 만들기 위한 단체이다. 발족 초기 멤버는 〈두 개의 문〉을 연출한 홍지유·김일란과 〈종로의 기적〉을 연출한 이혁상 감독, 한국 1세대 패션디자이너 노라노를 조명한 다큐 영화 〈노라노〉의 김성희 감독, 〈레즈비언 정치 도전기〉를 홍지유 감독과 공동 연출한 한영희 감독이다. 홍지유와 김성희 감독은 그 뒤로 10여 년 동안 함께 활동하다가 다른 활동의 비전을 갖고 2014년에 그만두었다. 2015년에 연분홍치마는 인권과 연대라는 새로운 원칙을 설정하고 장병권, 넝쿨, 변규리 등 새로운 활동가가 결합하여, 여성주의 문화운동 단체에서 여성주의 인권운동 단체로의 새로운 비전을 제시하였다. 연분홍치마는 기지촌 성매매 여성이면서 '성매매의 매개인 알선업자'가 된 사람들 이야기를 다룬 〈마마상, remember me this way〉(2005년, 이하 마마상)을 첫 작품으로 내놓았다. 그 뒤로 '커밍아웃 3부작'으로 불리는 〈3xFTM〉(2008년), 〈레즈비언 정치 도전기〉(2009년), 〈종로의 기적〉(2010년), 용산재개발 현장에서 벌어진 국가폭력을 다룬 〈두 개의 문〉(2012년)과

〈공동정범〉(2016년)을 제작하였다. 미디어 활동으로 국제 성소수자 혐오 반대의 날(IDAHOT DAY, 2015년), 세월호 참사 미디어 및 인권침해 감시단(2014년), 서울시민인권헌장 '무지개 농성단'(2014년), 서울학생인권조례 '서울시의회 점거 농성단'(2011년), 용산참사 '레아' 방송국(2010년), 차별금지법 대응 성소수자 차별 저지 긴급행동(2007년)에 참여하였고, 연대활동으로는 '성소수자 차별반대 무지개행동', 청소년 성소수자 위기 지원 센터 '띵동' 'HIV/AIDS 인권연대 나누리 +' '4.16 세월호 참사 미디어 위원회' 등에 참여하고 있다.

로 용산을 다뤘던 게 〈두 개의 문〉이에요. 근데 당시 망루에 올랐던 철거민들이 구속됐잖아요. 구속됐다가 출소한 이후의 삶을 다루는 게 〈공동정범〉이에요. 〈공동정범〉 관객 반응을 보면서 어떻게 조금 더 완성도를 높일까 생각하고 있어요. 〈공동정범〉에 집중하느라고 원래 주되게 활동했던 연대 활동을 다 정리했었는데요. 지금은 복귀한 상황이에요. 4·16연대 안에 미디어 위원회가 있는데, 거기 활동도 복귀했고요. 성소수자의 차별과 혐오에 맞서고자 만들어진 연대체 무지개 행동에도 복귀했어요. 2년 전에 위암 확진 판정을 받고 큰 수술을 했는데, 다행히 잘 회복하고 있습니다. 최근 2년이 되어 전체적으로 검진을 받았는데 비교적 양호하다는 결과가 나와 다행이라고 생각했습니다. 연분홍치마 15주년 기념일도 잘 마쳤습니다."

용산참사는 2000년 이후 한국 사회의 신자유주의적 재난과 무자비한 공권력의 현실을 아주 극명하게 보여 준 재난이다. 이 참사가 사회적 재난으로 이행하는 데 결정적이었던 화재 사건의 원인은 정확하게 밝혀지지 않았다. 그렇지만 검찰과 재판부는 강하게 저항하던 시위대가 던진 화염병을 화재 원인으로 단정하고, 참사로 이어졌다고 보고 있다. 반대로 시위대는 경찰의 과잉진압을 참사 원인으로 보고 있다. 〈공동정범〉은 검찰이 공범으로 지목한 시위대의 시선에서 만든 작품이다. 당시에 참사 현장에 화재가 어떻게 났는지 모르니까 검찰이 망루에 있던 사람들을 모두 정범으로 기소했는데, 시위대는 졸지에 검찰 기소로 용산참사를 일으킨 공동정범이 된 것이다. 김일란 감독의 〈공동정범〉은 경찰 시선에서 용산참사를 다룬 〈두 개의 문〉과 다르게 검찰에 의해 공동정범이 된 시위대의 시선으로 이야기를 전개한다.

주목받는 다큐멘터리 감독

〈두 개의 문〉을 공동 연출한 이후 김일란 감독은 단숨에 주목받는 다큐멘터리 감독이 되었다. 그녀는 개봉 첫날에 경험한 풍경을 아직도 잊을 수 없다고 한다. 〈두 개의 문〉은 광화문에 위치했던 인디스페이스(현재 인디스페이스는 종로3가 서울극장으로 이전했다)에서 상영했다. 개봉 첫날 오전에 손석희가 진행하는 라디오 인터뷰를 마치고 극장에 왔는데 사람들이 밖에 나와 있기에 극장이 너무 썰렁해 민망해서 나와 있다고 생각했다. 그런데 극장에 올라가 보니 매진이라서 사람들이 밖에 나와 있던 것이었다. 개봉 첫날, 표는 매진이 되고 돌아가는 관객도 많은데, 유가족은 감격에 겨워 아직도 용산을 기억해 주는 이들이 많다며 감동하여 우는 것을 보면서 뭔가 묘한 감정이 들었다. 물론 주류 영화계에서 대박 흥행 영화를 연출한 것은 아니지만, 김일란에게 〈두 개의 눈〉은 다큐멘터리 영화 연출가로서의 입지를 확실하게 각인시킨 영화임에는 분명하다. 〈두 개의 문〉 이후에 감독으로서 활동이 어떻게 바뀌었는지 궁금하여 질문해 보았다.

"〈두 개의 문〉을 만들고, 사회적 반응이 좀 있었잖아요. 관객이 7만 6천 명 정도 동원되었고요. 당시 배급 조건으로 봤을 때는, 20여 개 스크린으로 7만 6천 명 정도 관객을 동원할 수 있었다는 것은 굉장한 사건이었죠. 스크린 개수가 워낙 작으니까요. 개인적으로 많은 생각이 들었죠. 다큐멘터리가 세상에 나와 할 수 있는 역할이 어디까지일까? 이런 고민을 하게 되었고요. 어느 유가족 분이 이런 얘기도 했어요. 다큐멘터리 상영하면서 내걸은 슬로건이 몇 개 있는데요. '용산참사 진상규명하고 책임자를 처벌해야 한다'는 얘기를 했어요. 돌아가신 철거민의 명예회복도 얘기했어요. 더 실질적으로는 당시 구속되었던 철거민의 특별 사면을 촉구하는 것을 현안으로 걸었었죠. 그때 구속된 분들의 특별 사면을 촉구하려고 거리에서 캠페인 하고 서명 받고 했었는데요. 거리 캠페인 때는 뒤도 안 돌아보던 시민들이 영화가 개봉하니까 마치 예전부터 중요한 사안으로 고민했다는 듯이 반응을 보였어요. 유가족들이 허무하다고 해야 하나? 자기들이 일상적으로 매일매일 캠페인을 할 때는 냉담했는데, 영화가 뜨니까 관심을 보인 거죠."

김일란 감독은 영화가 주목받으면서 용산참사의 진상규명에 적지 않은 역할을 한 것에 보람을 느끼면서도 다른 한편으로는 용산참사 유가족과 감옥에서 고생한 시위대 가족이 표출하는 무력감도 함께 느꼈다고 한다. 가족들이 진상 규명을 위해 동분서주할 때는 별다른 주목을 하지 않다가 영화가 등장하니까 세상이 다시 주목하는 상황이 영화의 힘이면서도 동시에 현실의 무력감을 함께 보여 주었기 때문이다. 영화를 본 유가족의 기대와 무력감을 보고 심정이 복잡했다고 말한 김일란 감독은 영화를 계기로 용산참사의 진실이 세상에 더 알려지길 희망했다.

사실 독립영화에서 주목을 받으면 연출가들은 대부분 상업적인 극영화로 데뷔하고 싶은 욕망을 갖기 마련이다. 〈두 개의 문〉으로 감독으로서 유명세를 탔다고 볼 수 있으니, 김일란도 이 성공을 발판 삼아 극영화로 가려는 욕심이라든지 이런 게 있을 수 있지 않을까 생각해 보았다. 그래서 〈두 개의 문〉 이후에 감독으로서 달라진 위치나 상황, 창작의 상황이라든지, 차기작이라든지 그런 것에 고민스러운 점이 있지 않을까 싶어 질문해 보았다. 그녀는 상업영화도 그렇고, 극영화의 경우에도 영화적으로는 관심이 많지만, 그걸 자신이 잘할 거라 생각하지는 않는다고 말했다. 상업적인 영화를 제작하는 자신을 상상해 본 적도 없다고 했다. 다만 그녀는 〈두 개의 문〉 이후에 여기저기서 다양한 활동을 많이 제안받았다고 한다.

"〈뉴스타파 시즌 2〉에서 앵커 제안이 들어왔어요. 〈뉴스타파〉의 앵커였던 YTN 해직 언론인인 노종면 PD가 그만두면서 새롭게 앵커를 찾고 있었어요. 이미 〈뉴스타파〉가 꽤 많이 알려진 상황이었거든요. 어느 정도 〈뉴스타파〉가 유명세를 얻은 때였으니, 그 제안을 받고는 '내가?' 이런 생각이 들었죠. 당연하죠. 제가 앞에 나서는 걸 좋아하는 스타일도 아니고 잘하는 스타일도 아니고요. 좋아하거나 잘하거나 둘 중에 하나였으면 좋은데 둘 다 아니니까요. 그런데 그때 어떤 생각이 들었냐면, 실험해보고 싶었어요. 여태까지 한 번도 대중 앞에 서는 경험을 제대로 해 본 적이 없어서 "해볼까?" 하는 생각이 드는 거예요. 그때 한참 〈두 개의 문〉이 상영 중이었기 때문에 〈뉴스타파〉 앵커를 하는 게, 용산참사 진상 규명이나 내가 활동가로서 활동하는 것에 뭔가 어긋나지는 않겠다 싶었어요. 그래서 〈뉴스타파〉 앵커를 했죠. 6개월 정도 했거든요. 그런데 할 짓이 못되더라고요."

대안 언론이지만 대중으로부터 상당한 지지를 받는 〈뉴스타파〉였기 때문에 영화 홍보에 도움이 될 요량으로 뉴스 진행을 맡았지만, 쉬운 일은 아니었다고 한다. 무엇보다도 영화 연출은 작품으로 평가받는데, 〈뉴스타파〉처럼 얼굴을 드러내고 진행하는 것은 반응이 직접적으로 돌아오는 것을 피할 수 없었다. "〈뉴스타파〉에 앵커로 서니까, 거기서는 나라는 사람이 노출되고, 나라는 사람의 인격이나 제스처나 외모나 이런 것들이 평가되는 거예요. 그게 되게 힘들더라고요. 작품이 비평의 대상으로

욕을 먹는 것은 어느 정도 거리감이 있고, 제가 분리시킬 수도 있고, 변명하거나 항변할 논리도 있는데요. '나'라는 사람에 대해 비난이 들어오니까 못 견디겠더라고요." 유명세를 타는 것의 불편함과 작품이 아닌 앵커로서 직접 느끼는 반응에서 오는 부담감이 뉴스 진행을 더 맡기 어렵게 만들었다고 한다.

할리우드와 홍콩 누아르 영화에 미치다

김일란 감독이 영화에 관심을 가진 것은 중학교 때 할리우드 영화와 홍콩 누아르 영화에 빠지면서부터다. 감독의 청소년 시절에는 비디오 가게에서 영화를 빌려 집에서 볼 수 있는 시절이었기 때문에 집에서도 할리우드와 홍콩 영화를 쉽게 접할 수 있었다. 영화를 많이 보면서 막연하게나마 영화에 흥미를 가졌고 비록 대학은 불문학과를 다녔지만 줄곧 영화에 몰두하면서 지냈다. 청소년 시절에는 주로 스필버그의 영화를 보았다. 〈인디아나 존스〉 시리즈나 〈E.T.〉 같은 어드벤처나 공상과학 영화를 즐겼다. 실제로 그녀에게 큰 충격을 준 영화는 초등학교 때 단체 관람으로 보았던 〈킬링 필드〉(1984, 롤랑 조페 연출)와 EBS에서 본 〈레이스 짜는 여인〉(1976, 클로드 고레타 연출)이었다. 당시 초등학교 학생은 학교에서 단체로 반공이나 애국 교육 관련 영화를 관람했는데, 수많은 학살 장면이 나오고 피와 해골이 수시로 나오는 〈킬링 필드〉를 초등학교 학생이 이해한다는 것은 불가능했을 것이다. 더욱이 보트 피플로 대변되는 난민들이 살기 위해 타국에서 얼마나 힘든 여정을 겪어야 하는지를 어린 학생이 이해한다는 것도 거의 불가능했다. 김일란 감독은 프랑스 영화 〈레이스 짜는 여인〉에서 여자 주인공이자 시골 처녀 출신으로 분한 이자벨 위페르의 연기가 아주 인상적이었다고 한다.

학창 시절의 김일란에게 영화는 주로 영화에서 각인된 영상 이미지였다. 〈킬링 필드〉를 이야기할 때 영화에서 본 잔혹한 학살 장면을 또렷하게 기억하는 것도 그렇고, 〈레이스 짜는 여인〉에서 여주인공 연기에 강렬한 인상을 받았다는 것도 영화에 나타난 강렬한 이미지를 주로 선호한다는 예증이다. 그녀가 홍콩 누아르 영화를 좋아하는 것도 같은 맥락이 아니었나 싶다. 그녀에게 홍콩 누아르 영화가 매력적인 이유는 영화에서 볼 수 있는 독특한 조명 때문이었다.

> "조명에 영향을 받은 것 같아요. 홍콩 누아르의 조명이 형광등 조명이에요. 약간 푸른색 계열의 형광등 조명을 그냥 쓰거든요. 제가 색 보정 같은 작업을 할 때도 선호하는 기준이 홍콩 누아르의 조명에 영향을 받은 것 같기도 해요."

대학에 들어가서도 영화에 관심이 있었던 터라 영화 관련 동아리에 가입하고자 했지만, 삼수 끝에 들어간 대학에 당시 영화 동아리가 없었다. 마침 친한 친구가 다니던 대학에 영화 동아리가 있어서 그 동아리에 가입했다. 엉뚱하게도 당시에는 대학생이면, 다른 학교 동아리도 들어갈 수 있다고 생각했다고 한다. 그래서 그 학교 학생처럼 동아리 활동을 하다가, 나중에 그 학교 소속이 아니라는 것이 드러나면서, 본인이 다니는 대학 동아리에만 가입할 수 있다는 것을 뒤늦게 알았다. 그 대학 동아리 선배들이 자신의 엉뚱한 행동을 이해하고 이후에도 함께 활동하도록 배려해 주었지만, 김일란 감독은 나중에 자신이 다니던 학교에 직접 영화 동아리 '아침'을 만들었다.

문화연구에 관심이 많았던 영화학도

1995년에 영화 동아리 '아침'은 그렇게 만들어졌다. 당시 대학가에는 1980년대 정치 이념 중심의 학생운동과는 다르게 다양한 사회적 이슈가 제기되었고, 그중에서 새로운 문화 이론들이 크게 영향을 주던 시기였다. 이른바 '대학문화운동론'이 대학 동아리 그룹에게 크게 영향을 미쳤다. 1990년대는 이념의 시대에서 문화의 시대로 이행하던 시기였고, 소비문화의 등장, 서태지와 아이들의 데뷔, 각종 소비문화 공간들의 생성, 새로운 문화부족들의 탄생으로 문화연구 붐이 일어났다. 문화이론 전문지 계간 『문화/과학』을 비롯해서 『오늘 예감』, 『상상』, 『리뷰』

와 같은 문화 잡지들이 큰 인기를 얻었고, 각종 문화이론 저서의 출간과 강의, 세미나들이 줄을 이었다. 과거 운동권 중심의 대학문화에서 새로운 대안을 마련하려는 문화 담론들도 활발하게 논의되었던 시절이다. 영화 동아리를 이끌면서 김일란도 자연스럽게 문화연구와 여성주의 담론에 관심을 갖고 영화연구의 이론적인 토대를 다지고자 했다. 1995년도에 숙명여대에 동아리를 만들었을 때는, 실제 영화 제작을 하기보다는 영화를 매개로 문화연구 세미나를 많이 했다. 『오늘예감』, 『문화/과학』, 『리뷰』, 『이다』 같은 문화잡지들이 세미나의 주 텍스트였다. 이진경의 『철학과 굴뚝 청소부』를 비롯하여 당시 쏟아졌던 문화비평 잡지나 저서들을 세미나 교재로 사용했다고 한다.

"대학교에 들어갔던 1993년부터 문화운동론이 학내 운동에서 굉장히 큰 부분을 차지했어요. 대학교 3학년쯤 되었을 때는 문화운동과 여성운동이 굉장히 이슈가 됐고요. 이런 가정은 크게 의미는 없지만, 돌이켜보면 만약 제가 삼수를 안 하고 1991년도에 대학에 들어갔다면 많은 게 달라졌을 것 같아요. 1991년에 신입생이 되었다면, 아마 1991년 5월을 경험하면서, 말하자면 강경대 분신 정국을 경험하면서 다른 인생을 살았을 것 같아요. 1993년에 학교에 들어갔을 때는 학내 분위기가 이미 달라져 있었어요. 선배들로부터 여러 동아리 제안을 받기도 했고, 숙대 동아리도 하고 다른 학교 동아리도 하면서 널뛰듯이 다녔지요. 사회운동에 관한 여러 가지 학습도 받고, 동아리 하면서 문화운동 관련 여러 학습도 받고요. 사실 동아리를 하면서 영화를 공부했다기보다 문화운동론을 공부했던 것 같아요. 거기에 더해 영화란 무엇인가, 영화의 사회적인 역할이란 무엇인가, 사회변혁의 도구로서 영화는 어떤 역할을 해야 하는가, 이런 세미나를 주로 했었지요."

김일란 감독은 대학 졸업 후 대학원에서 본격적으로 영화를 공부하고자 영화학과에 입학했다. 그리고 당시 문화이론과 문화연구를 주도했던 서울문화이론연구소에 참여하면서 본격적으로 영화연구와 문화연구를 함께 공부하는 터전을 마련했다. 중앙대학교 대학원에 진학하는 과정에서 한 선배가 대학 밖에서 활동하는 조직으로 노동자뉴스제작단(이하 노뉴단)과 서울문화이론연구소(이하 서문연)를 추천했는데, 김일란 감독은 고민 끝에 서문연을 선택했다. 당시로서는 영화 연출이나 제작보다는 영화 이론에 더 관심이 많았기 때문이다. 노뉴단보다는 서문연에서 문화연구 관련 세미나를 하는 것이 영화 이론을 연구하는 데 큰 도움이 될 것이라고 판단했고, 실제로 서문연에서 배운 현장관찰기록(에스노그래피; ethnography) 연구방법론이 훗날 다큐멘터리 영화 연출에 큰 도움이 되었다. 노뉴단은 현장에서 치열하게 고민하면서 시대 비판적인 작품을 많이 제작하는 단체였지만, 노뉴단에 가면 왠지 현장에 있으면서 강의를 준비하기가 쉽지 않고 난해해질 것 같다는 약간의 이기적인 생각도 있었다고 한다.

"원래 제 관심사는 영화 이론이에요. 대학원도 영화 이론 전공이고요. 당시 모든 문화 기반이, 문화연구 기반이기도 했잖아요. 서문연에서 공부했던 것들이 나중에 다큐 만들 때 어마어마한 자원이 되었지요. 오늘 저를 인터뷰하는 이동연 선배에게 배웠던 에스노그래피 방법론이라고 있잖아요. 그게 저한테는 다큐멘터리 취재 과정과 기획 과정에 정말 도움이 많이 됐어요."

서문연에서 공부한 이론이 나중에 영화 연출에 방해되지 않고 큰 도움이 된 셈이다. 물론 서문연에서 공부하면서 영화를 직접 연출하고 제작해 보려는 욕심이 전혀 없었던 것은 아니었다. 대학원에서 영화를 전공하는 연구자는 누구나 영화를 직접 만들고 싶은 욕망이 있기 마련이다. 김일란 감독은 영화 연출 인생에서 가장 큰 영향을 준 작품으로 변영주 감독의 〈낮은 목소리〉(1995년작)를 꼽았다.

"나에게 자극을 준 인생 영화는 〈낮은 목소리〉인데요. 그 영화는 내게 경이로운 경험이었어요. 1995년에 극장에서 봤는데요. 영화가 감동적이기도 했지만 특히 기억에 남는 게 있어요. 맨 마지막 문장이, 정확한 문장은 기억나지 않지만 대충 이런 식의 멘트였어요. 위안부 문제는 민족의 딸을 유린한 그런 사건이 아니라, 일본에 의해 조선이 유린된 민족적인 문제가 아니라, 남성에 의한 성폭력이다, 이런 식의 문장이 있어요. 이게 위안부 문제를 바라보는 여성주의자로서의 나의 시선을 바꿔 놓는 굉장히 큰 사건이었어요. 내 인생의 사건이었죠. 다큐멘터리가 어떤 사건을 바라보는 시선을 바꿔 놓을 수도 있다는 것을 경험했지요. 당시에도 여성운동과 문화운동, 곧 문화와 여성이라는 프레임이 나에게 중요했는데 그게 다큐에서 만나는 느낌이었어요."

청소년 하위문화 현장 연구에서 기본을 배우다

앞서 언급했듯이 김일란 감독은 1990년대 말부터 서문연에서 진행한 청소년 하위문화 현장관찰기록에 참여했다. 당시 현장 연구는 나를 비롯하여 중앙대학교 오창은 교수, 문화사회연구소 김성윤 소장과 함께 김일란, 김성희 감독이 주도했었다. 언급했듯이 청소년 하위문화 현장연구는 나중에 김일란 감독이 '연분홍치마'를 만들고 다큐멘터리를 제작·연출하는 데 많은 영향을 주었다. 김일란 감독은 그 이유를 이렇게 설명했다.

"되게 중요한 부분은요. 그때 서문연에서 먼저 영국 하위문화연구와 문화연구 방법론 세미나를 하고 현장에 나간 겁니다. 사람을 만나 얘기하고 그걸 풀어 가는 과정을 세미나에서 배우고 현장에 나간 건데요, 도움이 많이 됐어요. 어떻게 가설을 세울 것인가, 어떤 관점으로 바라보아야 하는가, 사람을 만났을 때 그 사람의 이야기를 모두 증거로 사용하면 안 된다, 나의 가설이 맞다는 걸 확인하기 위해 인터뷰를 끌어다 쓰면 안 된다, 인터뷰 안에서 새로운 걸 발견해야 한다, 새로운 것으로 새로운 시선과 새로운 해석을 제시해야 한다, 문제를 제기해야 한다 등등 세미나에서 배우고 고민하고 생각한 것이 큰 도움이 되었어요."

에스노그래피에서 중요한 것은 연구자가 현장에 참여하여 어떻게 현장과 사람을 해석하는가이다. 단순히 있는 그대로 카메라를 도구 삼아 그분들 얘기를 전달하는 제3자 위치에서 관찰하는 것이 아니라 적극적으로 성찰하고 해석하는 것도 중요한 관점이 될 수 있다. 설령 주관적 해석이라고 비판을 받더라도 참여자가 적극적으로 상황을 해석하는 것이 중요하다. 물론 해석 과정에서 지나친 선입견이 개입되지 않도록 상황을 항상 성찰하는 게 중요하다는 것은 너 말할 나위가 없다. 김일란 감독은 특히 구로동과 가리봉동 일대 청소년 하위문화 현장을 관찰하면서 새로운 정치적 주체의 발견을 매우 소중하게 생각했다. "왜 서문연 선배들은 십 대 청소년에게 관심을 가질까?" 이런 의문을 현장 연구에 참여하기 전에 가졌다고 한다. 자신은 십 대에게 그다지 관심을 갖지 않았기 때문이다. 그런데 현장에서 청소년을 만나 장기 인터뷰를 하고 나니, 십 대들 하위문화 일상에서 그동안 크게 주목하지 않았던 우리 주변의 사람들, 새로운 정치적 주체들을 중요하게 보아야 한다는 생각이 들었다. 하위문화 현장에서 만난 청소년들이 단순한 일탈 행위를 하는 청소년이 아니라는 점, 인터뷰를 하다 보면 그 친구들의 진솔한 모습을 들을 수 있고, 그 진솔한 얘기가 우리 사회의 정치·경제·사회 전반을 집약하는 경우가 많았다. 가령 사회 불평등, 계급 모순, 기성세대의 갑질 행위 등 다양한 이야기가 나온다는 것이다. 청소년을 인터뷰하다 보면, 그들 스스로 환경을 극복하기가 상당히 어렵다는 것을 알고 있음을 느끼는데 이런 과정에서 계급 장벽을 실감하기도 한다.

다큐멘터리로 인권운동을 하는 '연분홍치마'

김일란 감독은 서문연에 비교적 오랫동안 참여하다, 2000년대 들어서 문화연구와 여성운동이 만나는 새로운 조직을 고민하기 시작했다. 그래서 2002년부터 문화연구와 여성운동이 만나는 영화현장 집단을 만들기로 작정하고, 서로 뜻을 같이하는 사람들과 2년 정도 준비해서 '연분홍치마'를 공식 발족시켰다.

2003년 연분홍치마의 몇몇 활동가들은 한 여성 단체가 국가인권위에서 지원받아 진행했던 기지촌 혼혈인에 관한 실태조사에 참여하였다. 기지촌 혼혈인은 대개 기지촌에 있는 성매매 여성과 미군 남성 사이에서 난 자녀인 경우가 많다. 혼혈인의 실태를 조사하다 보니, 1960년대부터 1980년대 초까지 박정희 정권에서의 여성정책과 군사정책을 '혼혈인'이라는 관점에서 파악할 수 있었다고 한다. 특히 한국 사회의 가부장제나 순혈주의 이런 것들이 드러나는 지점들이 흥미롭게 다가왔는데, 막상 보고서를 제출하니 그것으로는 내용이 너무 아까웠다. 그래서 기지촌 성매매라는 이슈를 '글'이 아니라 '이미지'로 드러내는 방법을 떠올렸다. 같은 이슈라도 표현 형식을 달리하여 다큐멘터리로 제작하면 기지촌 성매매에 관한 고민과 해석이 확장될 것이라 여겼기 때문이다. 그동안 서문연에서 배운 문화이론과 현장관찰기록 연구방법론과 영화 이론을 동원해서 영화로 찍는 게 어떨까, 불현듯 생각했다. 그 생각을 실천에 옮기고자 당시 같은 단체에서 활동했던 조혜영, 이혁상과 제작을 하게 되었다. 그 작품이 기지촌에서 성매매를 해온 여성들의 삶을 다룬 〈마마상〉이다. 김일란 감독의 새로운 활동 보금자리인 연분홍치마의 이름이 멋있어서 어떻게 짓게 되었는지 물어보았다.

"처음에는 멤버가 지금처럼 고정이 아니라 드나드는 이들이 많았어요. 그때 5-6명이 중앙대 대학원 건물 지하 연구실에 앉아서 이름을 뭐로 지을까? 이런 이야기를 하다가, 무지개 깃발이 상징하는 것처럼 문화다양성, 소수자들의 다양성을 상징할 수 있는 무지개를 연상하는 그런 말들이면 좋겠다는 이야기를 했어요. 그러다가 지금 부산국제영화제에 있는 박진형 프로그래머가 무지개 색보다 연분홍색이 문화다양성에 어울린다고 말한 거예요. 가장 이상한 색깔, 가장 퀴어한 색깔, 어디에도 끼지 않은 색깔이 연분홍이니까 연분홍으로 하자, 이렇게 얘기를 했습니다. 그래서 연분홍이라는 이름을 정했고, 거기에 더해 여성 단체라는 뉘앙스로 치마라는 표현을 쓰고 싶었습니다. 여성 단체임을 드러내는 상징적 단어를 고민하다가 연분홍치마라고 한 거예요."

〈마마상〉은 송탄에서 성매매 알선 활동을 하는 여성들을 대상으로 먼저 실태조사를 했고 그 내용을 토대로 2004년부터 다큐멘터리로 만들었다. 김일란 감독은 〈마마상〉이 〈두 개의 문〉보다 더 의미 있는 인생 영화라고 말했다. 물론 영화 연출 첫 작품이라서 그렇기도 하겠지만, 여성주의 관점에서 여성의 위치가 가진 이중적인 상황을 어떻게 해석할지 그리고 해석 내용을 어떻게 이미지로 드러낼지 가장 오랫동안 고민한 작품이었기 때문이다.

〈마마상〉은 기지촌에서 미군 남성을 상대로 성매매를 해온 여성에 관한 다큐멘터리 영화인데, 특히 이 영화에 등장하는 여성들은 매우 독특한 위치에 있다. 일단 이들은 성매매가 벌어지는 송탄의 마을에 거주하는 주민이고, 미군 클럽이 직장이다. 마마상은 통상 성매매 여성들과 미군을 연결시켜 2차를 내보내는 역할을 하는 사람을 일컫는다. 일종의 중간 포주 역할인 셈이다. 2000년대 이후, 송탄 미군클럽 인근의 성매매 업소에는 한국 여성이 많이 줄고 대신 이주 여성이 성 판매자로 바뀌었다. 1970년~1980년대에 성매매 업소에서 일했던 여성들이 나이가 들어 더 이상 자신의 성을 판매하기 어려워지면서 마마상이 된 것이다. 마마상은 주로 이주 여성과 미군을 알선하는 걸로 먹고산다. 그런데 성매매를 알선하면 당시 제정된 '성매매특별법'에 따라 처벌받는다. 성매매 중간 알선업은 범죄 행위가 되기 때문이다. 그런데 마마상과 같은 여성들은 여성주의 프레임에서 보면 무조건 가해자라고 볼 수 없다. 이들은 젊었을 때 대부분 직접 자신의 성을 팔았던 여성들이다. 성매매특별법 관점에서 보면 이들은 과거에 피해자들인 셈이다. 과거 피해자이면서 지금은 법에 의해 가해자 위치에 있는 마마상을 영화에서 어떤 시각으로 다루어야 하는지는 매우 복잡한 문제였다.

김일란 감독은 피해와 가해라는 이분법으로는 마마상들 삶에 다가갈 수 없다고 생각했다. 특히 성매매특별법 제정으로 마마상과 같은 여성들 위치가 달라지는 모습을 보면서 현존하는 성매매 금지법이 우려되는 지점을 알게 되었다고 한다. "피해와 가해라는 이분법으로는 이 여성의 삶에 다가갈 수 없다고 느꼈어요. 당시 성매매특별법으로 보면 이 여성은 가해자가 되는 거예요. 성매매특별법에서 우려되는 지점을 보여 주는 분들인 것 같았어요." 특히 마마상이란 존재가 성매매라는 이름으로 평생을 살아온 여성이라는 점에서, 그녀들이 나이의 변화에 따라 느끼는 삶의 위협들의 감각이 다르다는 점을 영화에 강조해서 담으려고 했다.

> "한편에서는 이 여성이 성매매를 했던 자신의 삶에서, 불가피한 지점도 있지만, 아주 짧은 인생의 단면에서는 피해자이기만 했던 게 아니라 자신의 협상력을 높이기 위한 주체일 때도 있거든요. 미군과의 사이에서 언제나 이렇게 폭력적인 상황에 두려워하고 억울하기만 했던 게 아니고요. 물론 대부분 맞기는 하지만요. 그 속에서조차도 저항하거나 자신의 협상력을 높이기 위해 무엇을 해야 할지 고민했던, 최대한 자신의 삶에 능동적 조건을 만들려고 했던 여성이기도 하죠. 성매매 구조를 분석하기 위해 가해와 피해라는 구도가 전략적으로 필요할 수 있지만, 한 여성의 삶을 바라볼 때는 단순히 그렇게만 말할 수 없는 거예요. 당시 저는 이 복잡한 층위를 잘 해석할 수 있는 경험도 부족했고, 경험이 부족하다 보니 여성의 삶을 잘 표현할 수 있는 프레임을 잘 찾지 못했어요."

김일란 감독은 〈마마상〉을 현재 서울국제여성영화제에 프로그래머로 있는 조혜영와 함께 연출했다. 기지촌 혼혈인 실태를 조사하는 과정에서, 미군 남성을 상대로 성매매를 했던 여성들도 만났기 때문에 인터뷰 대상자를 확보하는 데 어려움은 없었다. 그러나 정작 영화로 만들기 위한 작업은 완전히 달랐다. 책에 쓰기 위해 녹취한 인터뷰와 카메라를 찍어서 영상을 만들어야 하는 인터뷰는 그 방식이 완전히 달랐다. 통상적 인터뷰는 궁금한 것을 물어보고, 그걸 녹음하고 나중에 녹취해서 글로 풀어 쓰면 되지만, 다큐멘터리를 만들기 위해 행하는 인터뷰는 물어보는 그 순간 나중에 편집될 것을 항상 염두에 두게 된다. 다큐멘터리 인터뷰는 인터뷰한 영상을 삭제하고 편집할 수는 있어도 인터뷰 하는 사람이나 영상 자체를 새로 만들 수는 없다. 글로 나오는 인터뷰는 말만 잘 나오면 되지만, 다큐멘터리는 상대의 표정 같은 것이 다 나와야 한다. 촬영하는 순간에 관객들을 항상 염두에 두어야 하는 것이다. "에스노그래피를 할 때는 인터뷰하고 녹음할 때도 있지만, 이 자체를 남에게 보여 주는 게 아니잖아요. 갖고 와서, 각색하고 해석하고, 내가 느낀 것으로 프레임을 만들면서 쓰면 되잖아요. 그런데 다큐는 질문하는 그 순간이 관객에게 전달되는 거예요." 그래서 김일란 감독은 서문연에서 에스노그래피 작업을 할 때, 인터뷰해서 글로 만드는 방식과 영상으로 찍는 방식의 차이를 〈마마상〉을 찍으면서 확실하게 학습할 수 있었다.

"어떤 사람이 저한테 '그때 슬펐어요?' 하고 물어보면, 저는 그냥 '네'라고 하면 되잖아요. 그런데 기왕이면 어떻게 슬펐는지 내가 이야기를 해줘야 하는 거잖아요. 글을 쓸 때는 물어보면 되는 건데요. 다큐는 달라요. 인터뷰 방법이 완전히 달라요. 그 순간을 포착해야 하기 때문에. 그 순간의 포착이 관객에게 전달되어야 하는 거거든요. 〈마마상〉 작업할 때는 그걸 잘 몰랐어요. 하면서 알게 된 거예요."

트랜스젠더, 성소수자들의 이야기

김일란 감독의 두 번째 연출작은 여성에서 남성으로 성전환을 한 트랜스젠더의 이야기를 다룬 〈3xFTM〉이다. 제목이 시사하듯, 여성에서 남성으로 성전환을 한 세 명의 이야기인데, 여기서 '×'는 단지 세 명만이 아닌 더 많은 이들의 이야기가 포함되어 있다는 것을 의미한다. 사실 우리 사회에서 트랜스젠더는 아직 낯선 존재이다. 그나마 하리수의 등장으로 남성에서 여성으로 성전환을 한 트랜스젠더에 관한 사회적 이해와 관심은 어느 정도 있다고 볼 수 있지만, 여성에서 남성으로 성전환을 한 트랜스젠더의 이야기는 아직 사회적으로 받아들일 준비가 충분하지 않다.

〈마마상〉과 〈3xFTM〉 모두 우리 사회의 성소수자를 다룬 작품이다. 보통 성소수자라고 하면 동성애자로만 생각하지만, 실제 성소수자들은 매우 다양하고 복잡한 성 정체성을 갖고 있다. 성소수자를 LGBT(게이, 레즈비언, 바이섹슈얼리티, 트랜스젠더)로 세분하는 것도 그런 이유이다. LGBT도 개인들의 성적 취향과 정체성에 따라 매우 복잡한 차이를 갖고 있다. 이 두 영화에서 다뤄지는 성소수자의 문제도 물론 동일한 수준에 있는 것은 아니다. 〈3xFTM〉은 성적 소수자들의 정체성을 직접적으로 탐구한다는 점에서 연분홍치마의 정체성을 확고하게 보여 줄 수 있는 영화이다. 김일란 감독의 말에 따르면, 〈마마상〉에서 〈3xFTM〉으로 넘어가는 과정에 결정적 계기가 있었다고 한다. 2004년에 〈마마상〉이 나왔을 때, 성매매특별법 때문에 여성주의 운동 내에서 큰 논쟁이 벌어졌다. 2005년 5월, 서울국제여성영화제에서 상영된 이 영화는 성매매특별법 논쟁과 그 궤를 같이 했다. 앞서 설명한 대로 성매매에서 가해자와 피해자의 경계가 모호하다는 점을 강조하고자 한 것인데, 성매매특별법은 법리상 성매매의 가해자와 피해자를 분명하게 구분한 법이다 보니, 이 영화가 성매매특별법 반대운동에 참여한 성매매 여성의 취지에 동의하는 듯한 인상을 주었다.

◉ **성매매특별법**

통상 성매매특별법은 「성매매알선 등 행위의 처벌에 관한 법률」과 「성매매방지 및 피해자보호 등에 관한 법률」로 구분되며,

2004년 9월 23일부터 본격 시행되었다. 「성매매알선 등 행위의 처벌에 관한 법률」은 성매매, 성매매알선 등의 행위와 성매매 목적의 인신매매를 근절하고 성매매 피해자의 인권을 보호함을 목적으로 한다. 성매매알선 등 행위를 하거나 성을 파는 행위를 할 사람을 모집한 사람, 성을 파는 행위를 하도록 직업을 소개·알선한 경우 3년 이하의 징역이나 3,000만 원 이하의 벌금에 처한다.

반면 「성매매방지 및 피해자보호 등에 관한 법률」은 성매매를 방지하고, 성매매 피해자와 성을 파는 행위를 한 사람의 보호와 자립을 지원하는 것을 목적으로 한다. 이 법에 따라 국가와 지방자치단체는 성매매, 성매매알선 등 행위와 성매매 목적의 인신매매를 방지하기 위한 조사·연구·교육·홍보, 성매매 피해자 등의 보호와 자립을 지원하기 위한 시설의 설치·운영 등의 제도적 장치를 마련하고 필요한 행정적·재정적 조치를 하여야 한다. 이 법에 고지한 신고를 하지 아니하고 지원시설을 설치·운영한 자와 신고를 하지 아니하고 상담소를 설치·운영한 자는 1년 이하의 징역 또는 500만 원 이하의 벌금에 처한다.

"성매매특별법이 나왔을 때, 성매매 여성들은 이 법을 거부하면서 자신들을 성노동자로 호명하면서 새로운 정치적 주체로 등장했어요. 성노동자들의 전제는 '성매매 행위를 가해와 피해로 이분화시켜 보지 마라, 우리의 노동은 당신들의 프레임으로 포착될 수 없는 것이다'였어요. 이들은 새로운 문제제기를 하면서 등장을 했는데요. 마침 이 영화가 급진적이지는 않지만, 성노동을 스스로 호명하는 여성들의 생각들과 맞닿은 부분이 없지 않았습니다. 저한테는 그게 굉장히 이상한 경험이었어요. 다큐멘터리가 담론을 만들고 운동이 될 수 있다는 것 말입니다. 어떤 점에서 당연한 건데요. 그걸 머리로 알고 있는 거랑, 실제로 경험하는 거랑 다르다는 것을 알게 되었죠. 내가 만든 영화가 이 시대의 흐름과 이슈를 보는 시선에서 어떤 역할을 해낸다는 것을 알게 된 게 놀라운 경험이었고요. 영화가 그렇게 흥행하거나, 평단에서 큰 평가를 받았다거나 그런 건 아니었지만, 당시에 성매매 이슈에서 함께 고민할 문제를 제기했던 거 같아요."

〈3xFTM〉은 트랜스젠더라는 사회적 이슈를 환기하는 데 도움이 되리라는 믿음을 가지고 만든 영화이다. 이 영화는 2008년에 상영되었고, 준비는 2005년부터 했다. 당시 민주노동당 성소수자위원회 위원장이었던 최현숙은 각계 인권 단체와 여성단체에 〈성전환자특별법〉이 필요하다고 제안했다. 성전환자 성별 변경은 특정한 법적 가이드가 없기 때문에 법적 요건을 만들고, 성전환자들이 자신의 성정체성을 법적으로 등록할 수 있도록 제도적 길을 열어야 한다는 취지의 제안을 한 것이다. 연분홍치마도 최현숙 위원장과 연대를 했다. 2006년도에 '성전환자 성별 변경 관련 법 제정을 위한 공동연대'를 만들면서 법 제정에 필요한 성전환자들의 실태를 조사하기도 했다. 당시에는 기본적인 데이터조차 없었다. 실태를 조사한 후에 김일란 감독은 〈마마상〉 때 겪었던 부족한 노하우를 만회하고 싶어 다시 이 조사 내용을 영화적 문법으로 만들고 싶은 충동이 생겼다. 한편으로는 이 영화를 만들면서 이들, 특히 여성에서 남성으로 성전환한 사람들의 이야기가 세상에 나올 수 있을까 하는 고민도 들었다.

이 영화를 만들 때, 영화 영상과 내용을 구체적으로 만들려면 성전환 남성(trans-man)에 대해 질문도 구체적이고 노골적이어야 하는데, 그런 부분에 부담감은 없었는지 물어보았다. 김일란 감독은 이미 실태조사가 끝난 상황이었기 때문에 영화를 만들 때쯤에는 친해져서 큰 부담감은 없었다고 한다. 오히려 친해진 상황 때문에 영화를 만드는 과정에서 손해를 보았다고 한다. 친해진 덕분에 막 물어볼 수 있었지만, 다른 한편으로는 카메라를 들이댔을 때 오는 질문의 낯섦, 질문의 당혹스러움, 관계의 긴장 같은 것들이 없다 보니, 좀 더 객관적인 거리를 유지하기 힘들었다는 것이다. 성전환자들이 오히려 인터뷰를 다시 해달라는 요청도 적지 않았다. 인터뷰한 사람들의 언어를 최대한 자연스럽게 끌어내려고 노력했는데, 상황에 따라 너무 객관적 거리가 유지되지 않거나 서로 다 안다고 생각해서 그냥 지나쳐버리는 경우가 발생했다. 김일란 감독은 특히 여성에서 남성으로 성전환을 원하는 사람들의 인터뷰 안에서 그들만의 특이하고 비밀스런 이야기들을 다시 듣게 되었다.

"진짜 하기 싫은 얘기인데 친하니까 해준다고 하는 이야기 중에 하나가 생리였어요. 성전환 수술도 명칭이 굉장히 다양한데, 당시 다큐멘터리의 주인공들은 성형수술이라는 표현을 했어요. 에프티엠(FTM : Female to Male, 여성으로 태어났으나 자신을 남성으로 정체화함)들은 성기 성형 수술을 잘 안 해요. 비용도 몇 배나 더 많이 들고 복잡하고 위험하고요. 지금의 의학기술로는 위험해요. 엠티에프(MTF : Male to Female, 남성으로 태어났으나 자신을 여성으로 정체화함)들에 비하면요. 그래서 주로 FTM들은 가슴 절제나 제거 수술을 합니다. 그리고 오히려 얼굴 성형수술을 더 많이 한다고 들었어요. 남자답게. 남자답게 하는 인상의 포인트는 이마예요. 눈썹 부분이요. 눈썹 부분이 두툼하게 올라오잖아요. 대부분 여성스럽다 하면 눈썹 부위가 민자예요. 그래서 FTM들은 성형수술을 해서 여기를 만드는 거예요. 그러면 인상 자체가 거칠어져요. 그런 게 오히려 더 남자다워 보이는 거죠. 우리가 누군가의 성별을 판단할 때, 성기를 보고 남자인지 아닌지 판단하는 게 아니라 외모를 보고 즉각적으로 판단하는 거잖아요. 더군다나 한국 사회는 아주 정형화된 외모로 성별을 판단하죠. 특히 얼굴과 옷을 보고 판단해요. 정형화된 젠더가 있기 때문에, 머리 짧고 아저씨처럼 옷을 입으면 남자처럼 보이는 거죠. 머리 길면 여자, 이런 식으로 젠더 이분법이 워낙 공고하죠. 그래서 얼굴에 드러나는 인상 몇 개만 고쳐 주면 남자로 고정이 되니까 그런 수술에 공을 많이 들이는 거죠."

그들을 만나 질문하는 과정에서 정말 남성으로 대할 수 있었는지 물어보았다. 여성의 신체 조건에서 성전환을 한 분들의 경우, LGBT의 한 형태로 존재하지만 완벽하게 남성으로 인지되기가 쉽지 않았을 것 같아서 어리석은 질문을 했다. 김일란 감독은 완전히 남성으로 대했다고 답했다. 다만 인터뷰를 하면서 자연스럽게 친해졌을 때는 이들이 생각하는 남자의 규정이 무엇일까를 고민하기도 했는데, 사람에 따라 조금 다른 것은 있었다고 한다. 예를 들어, 한 친구는 가끔 대답할 때 '어머' 같은 비음 섞인 소리를 냈다고 한다. 자신은 고지식한 아재로서의 남성이 아니라 유연한 남성이라는 것을 보여 주고 싶어서다. 그런데 또 다른 주인공은 절대 그렇게 행동하지 않았다고 한다. 여성스러운 남성으로 보이면, '불완전한' 남성으로 인식될 것이라 생각했기 때문이다.

세 사람과 인터뷰하면서 김일란 감독은 자신이 스스로 생각하는 남성이라는 것이 무엇인지를 먼저 이해하는 것이 중요하다는 것을 강조하려고 했다. "모든 인간관계가 그렇듯이, 타인이 나를 어떻게 인식하는가 못지않게 내가 나를 어떤 사람으로 인식하는가도 중요하잖아요. 성전환자들 역시 마찬가지일 겁니다. 일차적으로 성전환자는 다른 사람이 자신의 성별을 어떻게 인식하는가가 당연히 제일 중요하지요. 자신이 스스로 정체화하는 성별과 다른 사람이 자신을 인식하는 성별이 일치되기를 바랄 겁니다. 그런데 문제는 성별 규정이 생각만큼 고정되거나 명확하지 않고 또 사람마다 성별을 규정하는 방식이 차이가 있어서, 성전환자 스스로가 남성성 혹은 여성성을 어떻게 인식하느냐 그리고 남성 혹은 여성을 어떻게 규정하느냐에 따라서 상대방도 그/그녀를 대할 때, 여성은 여성인데, 어떤 여성으로 대할지, 혹은 남성은 남성인데 어떤 남성으로 대할지에 관한 방식이 달라진다고 할 수 있습니다." 김일란 감독 말처럼, 이 문제는 매우 어렵고 복잡해서 쉽게 결정할 수 있는 문제는 아니다.

흥미롭게도 '성전환 남성'들의 태도에서 간혹 남성 가부장적인 인상을 받을 때가 있다고 한다. 가령 연분홍치마 사무실에서 밥을 먹을 때, 김일란이 밥을 퍼서 놔주었더니 너무 좋아했다는 것이다. 손님이어서 먼저 놔준 건데, 상대방은 남자로서 대접을 받았다고 생각한 것이다. 이 영화의 제목 〈3xFTM〉에서 ×의 의미는 바로 성 정체성의 모호함, 모순됨을 의미한다. "느낌이 되게 묘하죠. 긴장이 있죠. 그래서 때때로 어떤 사람들은 성전환 남성들의 욕망이 오히려 가부장제와 젠더 이분법을 견고하게 하는 건 아닌가 반문하기도 했어요. 하지만 이러한 반문은 성전환자의 삶을 단면만 보는 것에 불과합니다."

김일란 감독은 〈3xFTM〉 연출을 시작으로 성소수자들의 커밍아웃 다큐멘터리 3부작을 만들었다. 두 번째 작품인 〈레즈비언 정치 도전기〉에는 프로듀서로 참여했는데, 이 작품은 제18대 총선에서 최초로 커밍아웃한 동성애자로 종로구에 출마한 민주노동당의 최현숙 후보의 정치도전기를 다루었다. 최현숙의 정치 도전기의 후속 이야기를 담은 〈종로의 기적〉은 커밍아웃한 연분홍치마의 이혁상 감독이 연출했는데, 김일란 감독은 이 작품에서도 프로듀서를 맡았다.

〈두 개의 문〉을 만들게 된 사연

이후에 연출한 〈두 개의 문〉은 기존에 연분홍치마에서 만들었던 작품들과 성격이 다른 용산참사 사태를 다룬 작품이다. 이 작품을 연출한 이유가 궁금해졌다. 김일란 감독이 참여하는 연분홍치마는 장편 다큐멘터리만 만드는 영화 제작 집단이 아니고 현장 미디어 활동도 함께 한다. 굳이 성소수자 문제가 아니더라도 재난이 일어나는 다양한 현장에 가서 카메라로 사건에 개입한다. 용산참사는 한국 사회에 충격적인 사건이었기 때문에 인권 단체나 사회운동 단체가 관심을 기울이고 참여하였고, 연분홍치마도 당연히 주목하고 있었다. 그러던 차에 문화연대 신유아 활동가가 재난 현장에 영상 활동이 필요하다고 제안해서 참여하게 되었다.

김일란 감독이 용산 현장에 갔을 때는 이미 사건이 벌어지고 어느 정도 지난 후였다. 그래서 재난 초기의 긴박한 상황을 영상으로 담을 수는 없었다. 용산에도 처음부터 영화를 만들려고 들어간 것은 아니었다. 그러나 현장에서 매일 진행되는 일을 카메라에 담으면서 점차 용산참사의 실체에 관심이 생겼고, 특히 화재 책임을 묻는 재판 과정에서 피해자가 가해자로 돌변하는 상황을 지켜보면서 사건 주체가 누구인지를 영화로 말하고 싶어졌다. 〈두 개의 문〉에서 김일란 감독이 주되게 카메라에 담은 것은 실재 재판 과정과 재판에 참여한 용산참사 희생자를 변호한 변호인들이다. 경찰들을 직접 인터뷰할 수 없었기 때문에 재판기록문을 참고하고 재판정에서 몰래 녹음한 자료를 정리해서 가상의 화자를 설정해 더빙하는 방식을 취했다. 그리고 권영국 변호사 등 용산 유가족을 변호한 변호사들은 직접 인터뷰 형식으로 영상에 담았다. 실제 화재가 일어나고 경찰이 투입되는 상황은 현장에서 촬영한 영상 자료를 양해를 구하고 편집해서 다큐에 포함시켰다. 김일란 감독은 〈두 개의 문〉을 만들면서 누가 이 사건에서 배제되는가에 집중했다.

"재판이 끝날 무렵이었어요. 제가 고민하고 세상을 바라보는 익숙한 프레임은 여성주의자로서의 시각인데요. 어떤 사안을 바라볼 때, 몇 가지 질문이 생겼어요. 〈마마상〉이나 커밍아웃

다큐멘터리 3부작을 제작할 때도 비슷했던 것 같은데요, 누군가를 배제시키는 힘의 논리는 무엇이고, 그 힘의 논리를 어떻게 바라봐야 하는가 하는 질문입니다. 용산에서는 경찰이 마음에 걸렸어요. 남일당 1층에 분양소가 있었는데요, 돌아가신 다섯 열사 분향소였어요. 상상하게 되잖아요. 여기 경찰관 한 분이 더 있다면 그 의미는 어떻게 됐을까? 여기 여섯 분의 죽음을 같이 애도할 수 있다면 우리는 어떤 것을 보게 될까? 이런 상상을 했고요. 이 죽음의 무게를 우리는 어떻게 다르게 볼까? 이런 질문들을 던지면서 〈두 개의 문〉을 만들었던 것 같아요."

〈두 개의 문〉 자체가 사회적으로 많이 관심을 받은 것은 사건 그 자체의 비중 때문이기도 하지만, 용산을 다시 바라보게 만드는 새로운 시각과 관점을 제공했기 때문이다. 보통 사회적 재난 관련 다큐멘터리를 만들 때는 피해자 시각에서 다루는데, 이 영화는 거꾸로 가해자일 수 있는 경찰의 시선에서 바라본다. 이런 식의 다른 시선은 재난을 바라보는 관점에서 매우 중요하다. 재난 현장에서 우리가 미처 생각하지 않은 다른 시각을 볼 수 있기 때문이다. 〈두 개의 문〉도 역으로 익명의 경찰 시선에서 재난을 바라보면서 용산참사 상황을 좀 더 심층적으로 바라보게 한다. 이것이 사회에서 영화의 역할이자 힘이라고 할 수 있다. 결국 〈두 개의 문〉과 같은 다큐멘터리 영화는 우리에게 사회적 재난 중에, 또는 재난 이후에 영화가 무엇을 할 수 있을까 하는 질문을 던진다.

〈공동정범〉이 말하고 싶은 것

〈두 개의 문〉의 후속작으로 2018년 1월에 개봉한 〈공동정범〉은 용산참사 때 함께 투쟁했던 철거민들이 억울하게 수감되었다가 시간이 지나 출소한 이후의 이야기를 다룬다. 법적 용어로 공동정범은 '2명 이상이 공동으로 죄를 범한 범행'을 말한다. 신자유주의 개발의 희생자인 용산참사 철거민들은 대한민국 사법부인 법원으로부터 강제진압을 시도한 경찰과 함께 공동으로 범행을 저지른 가해자로 처벌받은 것이다. 사람들은 용산 철거민들이 공동정범으로 처벌받은 것에 그다지 관심을 기울이지 않고, 또 형집행을 받고 철거민들이 출소하여 어떻게 지내는지를 궁금해하지 않는다. 〈공동정범〉은 참사 이후 아무도 주목하지 않는 철거민들의 힘든 삶의 관계를 추적해 간다. 먼저 〈공동정범〉이 〈두 개의 문〉과 어떤 차이가 있는지를 물어보았다.

"아무래도, 용산참사를 대하는 태도가 가장 큰 차이인 것 같습니다. 〈공동정범〉은 2013년 1월에 농성 철거민 분들이 특별사면 된 이후에, 여전히 현재진행형일 수밖에 없는 용산참사를 알리기 위해 기획되었습니다. 그런 만큼 처음에는 〈두 개의

소수자의, 소수자를 위한
다큐멘터리를 연출하는 김일란 감독.

문〉의 후속작으로서, 용산참사 진상규명을 촉구하고 피해자의 억울함을 알리는 것에 충실하게 제작하려고 했습니다. 제목도 지금과 달리, 〈두 개의 문2〉였습니다. 그런데 주인공인 철거민들과 함께 많은 시간을 보내다 보니, 〈두 개의 문〉을 제작할 때와는 다른 질문과 마주해야 했습니다. 무엇보다 '피해자다움'에 관한 부분이었습니다. 특히 피해자로서의 유가족, 억울함과 분노로 얼굴이 야위어 가는 사람들을 우리는 어떤 사건으로 보아 왔는가 하는 질문이 떠올랐습니다. 피해자나 유가족이라는 프레임이 그들이 각자 자신만의 삶을 살고 있었던 그 시간들을 어떻게 증발시키는지를 고민하게 되었습니다. 그래서 결과적으로, 〈두 개의 문〉은 재판 기록과 그간 찍었던 다양한 영상 자료를 토대로 진상규명을 촉구하는 의도가 분명했다면, 〈공동정범〉은 사회적 참사 이후 피해자들의 삶이 지속되는 과정을 면밀하게 드러내는 부분에 초점이 맞춰지게 되었던 것 같습니다."

〈공동정범〉은 용산 대책위 내부 문제들을 솔직하게 담고자 했다. 그러다 보니 내부 갈등을 그대로 드러내는 장면이 많이 포함될 수밖에 없을 텐데, 감독으로서 이런 문제를 어떻게 보여 주어야 할지 최종 시사회 때까지 고민이 많았을 것이다. 이에 김일란 감독은 이 영화의 생생한 과정들이 2009년 용산참사 직후부터 지금까지, 용산참사 진상규명을 위해 유가족과 피해자 곁을 지키며 활동하는 많은 활동가들의 눈물과 땀의 의미를 희석시키지 않을까 하는 것이 가장 큰 고민거리였다고 한다.

촬영을 모두 마치고 김일란 감독은 몇몇 분들에게 모니터링을 부탁했는데, 그때도 피해자들의 공동체가 파괴되고, 참사 트라우마로 피해자들의 고통이 심화되는 동안 이토록 곁을 지킨 사람들은 없었는가 하는 질문이 나왔다고 한다. '용산참사진상규명위원회'는 참사 이후 과연 어떤 일을 하였는지 더 구체적인 질문이 오고 갔다. 그 과정을 지켜보면서 김일란 감독은 이 다큐멘터리가 활동가들의 시간을 훼손시키진 않을까 우려했고 그래서 이 영화가 고민했던 것들이 소용이 없는 것은 아닌가 하는 느낌을 받았다. 이러한 주제를 다룰 때는 아무리 세심하게 다룬다 하더라도, 피해 갈 수 없는 질문이다. 그래서 김 감독은 이러한 질문을 좀 더 함께 나누고자 '용산참사진상규명위원회'의 이원호 사무국장과 박래군, 김덕진, 박진, 신유아 활동가들에게 자문을 구했다. 또한 이 영화가 불러일으킬 반향에 대해 다양한 고민을 나누었다. 〈공동정범〉은 그런 점에서 우리에게 재난과 참사 이후 우리 사회가 피해자들과 어떤 이야기를 함께 고민하고 나누어야 하는지를 질문하게 만들었다. 김일란 감독에서 지금 시점에서 용산참사를 어떻게 바라보아야 할지를 물어보았다.

"얼마 전, 민갑룡 경찰청장이 평택 쌍용자동차 해고노동자들의 파업, 백남기 어르신 사망사건, 밀양 송전탑 반대투쟁 주민들, 강정해군기지 반대투쟁 주민들 등 다양한 국가폭력 피해자들에게 사과하였습니다. 물론 본질적으로 경찰의 인권침해 관련해서 진상규명을 한 것도 아니고, 명확한 재발방지를 마련한 것도 아니지만, 이 사과로 유가족 분들은 마음 한편의 무거운 짐을 내려놓는 것을 보았습니다. 10년이라는 시간이 걸렸습니다. 어쩌면 뻔한 수사일지도 모르지만, 아직도 용산참사는 끝나지 않았고, 더군다나 용산참사와 같은 사회적 참사는 지속되고 있기에 우리는 계속해서 이야기해야 한다고 생각합니다."

소수자를 위한 영화 만들기

연분홍치마에는 현재 활동가 6명이 참여하고 있다. 전체 운영 경비를 마련하기 위해 활동가들이 열심히 활동하고 있지만, 재정 자립도는 10퍼센트 선이다. 활동가들이 다른 영상 보조 활동을 해서 번 돈으로 연분홍치마의 살림살이를 어렵게 꾸리고 있다. 설립된 지도 벌써 15년이 되었지만 여전히 안정적 운영에 필요한 재원을 마련하기가 쉽지 않다. 마이너리티 아티스트에게 항상 문제가 되는 건 생계다. 김일란 감독은 연분홍치마에서 받는 활동비 외에 외부 강의나 대학에서의 시간강사로 생계를 꾸린다. 〈두 개의 문〉이 그래도 독립영화계에서는 꽤 흥행한 터라 그 영화에서 벌어 둔 돈이 있지 않은지 물어보았다. 〈두 개의 문〉이 독립영화이자 다큐멘터리 영화로 흥행에 성공한 것은 맞지만, 극장 사용료, 배급사 배급 비용, 홍보 비용 등을 빼고 최종적으로 연분홍치마에 돌아온 배당은 그렇게 많지 않았다고 한다.

다큐멘터리 영화를 하는 감독도 영화계에서는 소수자 영역에 속한다고 볼 수 있다. 대상도 주로 소수자들을 다루기 때문에 김일란 감독과 연분홍치마는 근본적으로 마이너리티를 지향한다고 볼 수 있다. 김일란 감독이나 연분홍치마가 소수집단으로서 영화 공동체의 정체성을 확고히 한다는 느낌을 받았다. 그래서 감독에게 뒤늦게나마 마이너리티 아티스트를 어떻게 정의하고 싶은지 물어보았다.

"마이너리티 아티스트라는 말이 붙는 순간, 미학적 완성도를 요구받는 것 같아요. 저는 그 정도로 미학적 완성도를 성취하지는 못한 것 같고요. 미흡하죠. 그런데 그 기능을 하고 있는 건 맞는 것 같아요. 그 기능을 해야 하기도 하고요. 어느 순간, 이미 내 인생 자체가 어떤 면에서는 소수자의 삶으로 들어선 것 아닌가, 여러 가지로. 그런 생각을 해요. 이제는 초등학교 동창을 만나든, 대학 동창을 만나든 생애 주기로서 공통점이 거의 없어요. 대부분 사람들의 생애 주기가 가족의 주기와 자녀의 주기, 이런 것에 영향을 받잖아요. 저는 그런 영향을 받지 않아요. 그러다 보니 생애 주기 자체가 조금 다른 삶에 이미 들어섰고요. 선택을 하자면 할 수는 있겠지만, 여전히 할 생각이 없고요. 자신의 삶을 설명하는 어떤 것이 여전히 없는 사람들이 대부분 소수자 아닌가요. 자기를 설명하는 언어가 제도화되어 있는 사람들이 주류잖아요. 그런 측면에서 보면 무얼 할 때마다 언제나 마이너리티에 속한 경우가 많은 것 같습니다."

마지막으로 연분홍치마와 본인의 활동 계획을 물어보았다. "연분홍치마가 6명으로 늘었고요. 활동비가 조금 많이 필요해진 상황이에요. 재정이 조금 단단한 단체가 되면 좋겠는데요"라고 말했다. 방법이 있냐고 물어보니 없다는 대답이 돌아왔다. 여전히 재정적으로 확실한 대안이 없는 듯했다. 그러니까 마이너리티 아티스트가 아니겠는가? 연분홍치마는 현재 SK브로드밴드 비정규직 노동자에 관한 다큐멘터리 〈플레이온〉을 제작하고 있다. 하청업체 비정규직에게 관심을 많이 기울일 계획이다. 쌍용자동차 해고 노동자 이야기를 자녀 시선에서 바라본 〈안녕, 히어로〉라는 작품도 제작을 마치고 개봉을 준비하고 있다. 그리고 이른 기획 단계에 있긴 하지만 성소수자 자녀를 둔 엄마들 이야기를 다룬 성소수자 관련 네 번째 다큐멘터리도 준비하고 있다.

김일란 감독은 인터뷰 내내 서울문화연구소에서 배운 여성주의 문화연구와 에스노그래피 방법론이 지금 다큐멘터리 감독으로 활동하는 데 밑거름이 되었다고 말했다. 영화 이론을 하면서 미학을 공부했고, 문화연구 바탕의 현장 연구방법론과 좀 더 자신의 정체성에 걸맞은 여성주의 시각이 모여 지금 영화를 만드는 동력이 된 듯하다. 문화연구를 하면서 문화연구는 언제나 사후적일 수밖에 없는가를 고민했는데, 이런 고민은 다큐멘터리를 만들면서도 동일했다고 한다. 그런 고민에도 불구하고 김일란 감독은 다큐멘터리가 가진 사회적 힘은 사후적이면서도 동시에 그것이 세상에 나옴으로써, 새로운 사건과 이슈를 만드는데 있다는 것을 믿고 있다. "사실 다큐멘터리도 그렇잖아요. 사건이 발생한 다음에 들어가잖아요. 그런데 찍다 보면 앞질러서 갈 수도 있지 않을까요?"

7장

공사다망한 독립 프로듀서의 삶

프로듀서 **김미소**

요즘 공연예술계에서 독립 프로듀서로 활발하게 활동하는 김미소 피디는 삼십대 중반의 젊은 문화기획자이다. 2016년 즈음 플랫폼창동61에서 김미소 피디를 알게 되었다. 도봉구 창동에 서울아레나를 건립하는 서울시 시정계획이 발표되고 나서, 음악도시 창동 조성의 거점공간으로 플랫폼창동61이 만들어졌는데, 거기서 내가 총괄 예술감독으로 일하면서 음악콘텐츠 기획 역할을 맡은 김미소 피디를 알게 되었다. 창동에서 2년간 활동하고, 이후 프리랜서로 일하던 중에 내가 맡았던 일에 자연스럽게 참여하였고, 문화체육관광부 '문화비전2030 사람이 있는 문화'를 만들었던 새문화정책 준비단 운영간사로 함께 일했다. 2018년 평창동계올림픽 기간에는 국내외 아티스트의 레지던시 프로그램인 '첩첩산중' 프로젝트의 피디를 맡아서 서로 다른 환경에서 활동하던 다국적인 예술가들의 활동 기획과 지원을 담당했다. 평창동계올림픽 이후 극적인 남북정상회담의 분위기를 타고 DMZ 피스트레인 뮤직페스티벌이 만들어졌는데, 김미소 피디는 첫해에 사무국장, 두 번째 해에 총감독을 맡아서 페스티벌을 성공적으로 이끌고 있다.

공연예술계에는 여성 인력이 많지만 여성이 독립적 지위와 위상을 가지고 활동하기란 쉽지 않다. 공연기획·제작과 아티스트들의 해외 진출을 돕는 여성 인력이 적지 않은데, 대부분 공공기관에서 안정적으로 일하는 경우이다. 그것도 기관장의 위치에 있거나 중요한 역할을 맡는 자리에 있기보다는 단순 행정 업무나 지원 실무를 맡는 여성 인력이 많다. 몇몇 여성 기획자는 자율적인 활동을 하고 싶어 공공기관이 아닌 현장에서 독립 프로듀서로 활동하는 경우도 있지만, 활동을 오랫동안 지속하기에는 안정적인 생계나 신분상의 어려움이 많다. 여성 독립 프리랜서로 공연예술 현장에서 30-40대 초반까지는 그런대로 버틸 수 있지만, 40대 중후반에 접어들면 지속가능한 일을 안정적으로 하는 게 쉽지 않다. 일의 연속에서 오는 회의감과 불안감, 지위와 역할의 독립적 역할, 결혼과 비혼 사이의 고민, 가부장적인 공연예술계에서 젠더 감수성 지키기 등 40대가 넘어가는 여성 독립 프리랜서에게 공연예술계는 만만한 곳이 아니다.

김미소 피디도 선배 독립 프리랜서들에게 많은 이야기를 듣고 있기 때문에 자신의 현실과 미래를 낙관하고 있지는 않은 것 같다. 어려움 속에도 김 피디는 독립 프로듀서로서의 활동을 꿋

꿋하게 하고 있다. 자기 일에 책임감과 자부심을 가지고 일하는 공사다망한 김미소 독립 프로듀서의 일과 삶이 어떤 점에서 마이너리티 아티스트인지 알아보는 과정은 마이너리티의 개념, 예술가의 위상, 여성의 젠더적 위치의 문제의식을 폭넓게 사고하는 기회였다. 먼저 본인의 소개와 최근 어떤 활동을 했는지를 물어보았다.

"일단 2017년 7월에 플랫폼창동61을 퇴사해서 그 이후로 독립 프로듀서를 선언하고 활동하고 있습니다. 퇴사하고 바로 평창문화올림픽 공모 사업으로 진행되었던 '국제 레지던시 첩첩산중 평창'을 진행하면서 하반기를 보냈고요. 한국문화예술위원회의 공연예술창작산실 창작실험활동지원 결과 발표회인 '창작실험 〈과정과 공유〉'라는 프로그램을 선배 기획자 독립 프로듀서 그룹과 함께 진행했습니다. 2018년에는 4월 3일 제주도에서 4·3사건 70주년을 기념한 장르 특정적 퍼포먼스&전시 〈섬:섬〉을 제주와 성북에서 진행했고, 6월에는 서울과 강원도 철원에서 〈DMZ 피스트레인 뮤직 페스티벌〉 사무국장을 맡아서 성공적으로 이끌었고, 2019년에는 사무국을 법인으로 전환하고, 상임이사와 총감독 자격으로 두 번째 페스티벌을 잘 마쳤습니다. 또 빼놓을 수 없는 것이 4월에 안숙선 선생님의 이야기 창극 〈두 사랑〉 프로듀서를 맡아서 성공적으로 마무리했다는 점입니다. 9월에는 홍대에서 펼쳐질 〈잔다리페스타〉를 준비하고 있습니다. 퇴사 후에 공연예술 분야의 프로듀서로 활동했을 뿐 아니라 문화체육관광부의 〈문화비전2030-사람이 있는 문화〉를 만든 새문화정책준비단의 운영간사와 '서울문화재단 지원체계 개선', '공연예술진흥기본계획' 등의 연구 용역에 함께 참여하면서 정책을 많이 공부하고 연구하는 시간을 가졌습니다."

독립 프로듀서의 삶과 위상

얼핏 보아도 독립 프로듀서를 선언하면서 아주 다양한 일들을 수행했다는 것을 알 수 있다. 김미소 피디는 주어진 시간에 출퇴근을 해야 하는 직장생활을 길게 하지 않았고, 처음에 직장에 들어갈 때도 오래 할 생각이 없었기 때문에 퇴사하고 독립적으로 활동하는 것이 어색하지 않았다. 원래부터 그렇게 활동해 왔으니 특별히 불편한 구석이 많지 않았다. 플랫폼창동61에서의 일들은 오히려 독립 프로듀서로 활동하는 데 소중한 경험이 되었다. "야생에서 하는 것보다 시스템이 갖춰진 데서 무언가를 해봐야겠다고 생각할 때쯤에 직장에 들어가서 일했어요. 또 시스템을 경험하고 나니까 아, 이제 밖으로 나와서 다시 독립적으로 활동해도 되겠다는 생각이 들었죠." 독립 프로듀서로서의 삶이 그녀에게는 어느 면에서는 자연스러웠다. 그렇다면 정말 독립 프로듀서는 어떤 사람일까?

독립 프로듀서는 자신이 스스로 시간을 관리하고 하고 싶은 일을 선택할 수 있다. 일과 시간을 스스로 정할 수 있는 자율적인 활동이 가장 큰 장점이다. 그러나 자율 활동을 잘 관리하지 않으면 오히려 일과 삶의 구분이 사라질 수 있다. 시간 배분을 불균형하게 하면 안정적인 기반에서 일할 때보다 더 힘들어지는 경우가 많다. 스스로 독립 프로듀서의 삶을 선택했다기보다는, 안정적 일자리를 얻지 못해 어쩔 수 없이 그런 상황에 놓이는 경우도 있다. 사실 한국의 문화 현실에서 독립 프로듀서라는 위상과 지위는 그다지 확고하지 않다. 한국에서 독립 프로듀서라는 말을 공식적으로 사용한 것도 최근 들어서다. 그 전에는 주로 프리랜서 기획자로 통했는데, 이들은 주로 공공기관과 민간 공연예술 단체를 연결해서 새로운 작품 제작과 페스티벌 조직, 해외 진출을 돕는 역할을 했다. 이들 역시 안정적으로 활동할 만한 토대가 마련된 것이 아니기 때문에, 오랜 기간 이 역할을 담당하기 어렵고, 어느 정도 지나면 공공기관으로 들어가거나 일을 그만두는 경우가 많다. 프리랜서 기획자나 독립 프로듀서나 역할로는 큰 차이가 없다. 굳이 차이가 있다면 독립 프로듀서가 좀 더 기획-제작-유통의 과정에서 자신의 자율적 역할과 책임감이 크다는 점이다. 그녀에게 독립 프로듀서로서의 어려운 점을 물어보았다.

"아직까지는 정말 심적으로 힘든 것은 없는 것 같아요.

A부터 Z까지 제가 다해야 되기 때문에 물리적으로 힘든 부분이 있죠. 예전에 회사에 있을 때는 미팅하러 상대가 회사로 오셨는데, 이제는 제가 일일이 가야 해요. 오늘도 이미 미팅을 서너 건 하고 이 자리에 왔어요. 그런 물리적 시간에서 오는 불편함이 있습니다. 아무래도 직장 다닐 때는 고정적으로 정확하게 통장에 월급이 꽂히지만, 지금은 단위별이나 프로젝트별로 받을 수 있고, 지급도 너무 다른 행정 시스템 안에서 이루어지다 보니까 '돈은 언제 들어올까' 하는 생각을 많이 하게 됩니다(웃음). 직장 다닐 때도 대단히 만족스러운 월급을 받았다 이런 게 아니어서. 사실 저금을 하나도 안 해놓은 상태에서 퇴사를 해서 프로젝트와 프로젝트 사이에 뜨는 경우가 생기면, '돈이라도 조금씩 모아 둘걸' 하는 생각이 들죠. 기획자가 되면 결국 본인 돈을 쓸 수밖에 없는 경우가 또 많이 생기거든요. 나중에 후 정산을 받더라도 일단은 돈을 써야 할 일이 많이 생기죠. 다른 것보다 이제 연 난위로 봤을 때 누군가의 연봉식 계산으로 합산해서 내가 얼마를 번다고 치면 고정적으로 나가는 돈들은 밀리지 않고 책임져야 할 게 많아졌죠. 이런 것을 미리 생각하고 대비한다는 게 독립 프로듀서로서 쉬운 일은 아닙니다."

독립 프로듀서가 가장 힘든 부분은 일의 보람과 활동의 상대적 자유로움에 비해 물리적으로 필요한 시간의 분배와 자기 살림살이 계획이 매우 불안정하다는 점이다. 한 번에 다양한 일을 하다 보니 거리에서 보내는 시간이 많고, 일을 진행할 때 자신이 부담해야 하는 비용이 만만치가 않다. 더욱이 스스로 일을 만들어야 하니까 일의 양이 늘어나고 자신이 일한 만큼 충분한 경제적 보상을 받기가 어렵다. 행정적 통제를 받는 프로젝트에서 불규칙하게 보수를 받다 보니 생계-생활-일의 안정적인 순환이 이루어지기 어렵다.

공연예술 현장에서 독립 프로듀서의 위상은 아직 확고하지 않다. 2000년대 들어 공연예술의 기획-제작-유통의 일이 많아지긴 했지만, 이런 일은 대부분 공연예술 분야의 공공기관에서 담당하고 있다. 그러다 보니 한동안 현장에서 활동하던 기획자들이 공공기관으로 들어간 경우가 많다. 국내 대학에서 예술경영을 전공하거나 해외에서 공연기획과 극장경영을 공부하고 온 인력은 대부분 공공기관으로 진출하려는 것이 지배적이다. 그러다 보니 공공기관이나 회사에서 일하지 않고 현장에 나와서 독자적으로 공연예술 관련 일을 하는 독립 프로듀서 인력은 극소수이고 안정적인 지위도 확보하지 못하고 있다. 그러나 공연예술 현장에서 독립 프로듀서의 역할은 갈수록 높아지는 것이 사실이다. 공공기관이 예술인과 예술 단체를 지원하는 방식에서 중간에 그 일들이 잘 연결되도록 하는 매개자의 수요가 늘어나고 있기 때문이다. 특히 새로운 관점으로 작품을 제작하거나 해외로 진출하는 전문적 영역에 공공기관 인력이 모든 것을 담당할 수 없다. 공공기관과 공연예술 현장을 매개하는 역할로서 독립 프로듀서의 존재는 불안정인 지위에서 오는 어려움에도 불구하고 매우 중요한 의미를 가지고 있다.

독립 프로듀서의 위상은 스스로 부여하는 것이기도 하다. 누군가 자신을 독립 프로듀서라고 명명하기보다는 그(녀)들 스스로 자신을 정의하는 것이다. 그럼에도 독립 프로듀서의 위상과 역할을 사회적으로 규정하고 인정하는 것은 그 나름대로 중요한 일이다. 독립 프로듀서가 앞으로 많이 배출되고, 이들이 공연예술계에서 정당한 대우를 받으며 활동하려면 직업으로서 가치와 역할에 사회적 인정이 필요하다. 김미소 피디는 그런 점에서 독립 프로듀서로서 쉽지 않은 길을 가는 중이다. 30대 중반이라는 나이로 보았을 때, 자신의 활동이 선배와 후배 프로듀서의 중간 역할로서 앞서 말한 독립 프로듀서의 가치와 인정 투쟁을 위한 시험대에 올랐다고 볼 수 있다.

김미소 피디는 현재 DMZ 피스트레인 뮤직페스티벌을 총괄하는 사단법인 피스트레인의 상임이사를 맡고 있다. 어떤 점에서 이러한 지위는 온전하게 독립 프로듀서로 명명할 수 없을 듯도 하지만, 이 법인의 설립 과정과 일의 역할, 다른 활동의 연속선상으로 볼 때, 독립 프로듀서로서의 길을 중단했다고 보기는 어렵다. 그녀와 함께 일하는 사무국의 구성원들 자체가 독립적인 문화 활동을 하는 공동체의 일원이고, 본인도 법인 관련 업무 외에도 다른 인디음악과 개별 프로젝트에 관여하면서 활동하고 있다. 고정적인 일에 집중하고 그 일의 성격과 속한 조직이 공적 일을 담당한다 해도, 자신이 하는 일의 성격과 활동에서 자율성 원칙만 지켜진다면, 독립 프로듀서의 위상은 여전히 유효하다.

국악, 혹은 국악전공자라는 이름의 불편한 진실

김미소 피디는 국악계에서 흔히 말하는 정통 엘리트 코스를 밟았다. 국악중학교와 국악고등학교를 졸업하고 이화여자대학교 국악과를 졸업했으니, 어떻게 보면 가장 정통 국악계의 계보를 밟아 온 사람이다. 이런 계보에서 국악을 전공하면 대부분 국악 관련 일들, 예컨대 국악단 단원으로 가거나 창작국악그룹을 결성하여 활동한다. 아니면 대학에서 강의를 하거나 국악 관련 공공문화예술기관에 취업한다. 활동의 폭이 넓지 않은 국악계의 사정을 고려할 때, 국악 전공자들은 평생 국악 관련 일에 종사하면서 사는 게 일반적 생각이다. 그러나 세상의 많은 국악 전공자들이 모두 그런 것은 아니다. 이들 중에 전혀 다른 일에 종사하는 사람도 많고, 인근 분야에서 활동하는 사람도 많다. 김미소 피디의 경우는 후자에 속한다고 볼 수 있다. 국악을 전공했지만, 딱히 국악 관련 일에 종사하는 것도 아니고, 그렇다고 국악 관련 일을 하지 않는 것도 아니다. 그렇게 경계에서의 활동은 나는 누구이고 국악은 무엇인가 하는 질문을 던지게 만든다. 그녀는 이미 이런 고민을 고등학생 때부터 했다고 한다.

"제가 국악을 시작한 것은 국악중학교 입학하면서부터였던 것 같아요. 돌이켜 보면 국악중학교에 입학함으로써 내 의지와는 상관없이 진로가 빨리 결정된 거였습니다. 중학생 때는 열심히 전공을 했지만, 고등학교 들어가면서부터 악기 연주에 회의감이 들기 시작했습니다. '왜 이렇게 학교에서 테크닉만 가르쳐 줄까? 국악이 뭔지도 잘 모르겠는데 왜 이렇게 손가락 연습만 해야 될까?'라는 질문을 그때부터 강하게 가졌습니다. 그래서 고등학교 2학년 때부터 굉장히 심하게 방황을 했어요. 악기를 하는 것에 크게 흥미를 못 느꼈고, 오히려 이론이나 작곡을 하면 어떨까 생각해서, 학교 선생님에게 전과를 요청 드렸어요. 하지만 돌아온 답은, 교내 질서 때문에 누구 하나를 용인하면 그런 요청이 있을 때마다 다 해주어야 하기 때문에 어려우니 하고 싶으면 따로 공부해서 대학을 가라였습니다. 어쩔 수 없이 대충 악기 전공으로 대학을 가긴 했지만, 그때는 국악보다는 친구들이랑 뮤지컬이나 재즈 공연을 많이 보러 다녔습니다."

국악의 낡은 권력과 관습에 회의감을 가졌지만 국악 자체를 완전하게 싫어한 것은 아니었다. 고등학교 당시에 국악공연계에 새로운 앙상블 그룹이 많이 결성되었는데, 2000년대 초에 활발하게 활동했던 푸리, 슬기둥, 상상, 공명 팀들의 공연을 보러 다니면서 적지 않은 영향을 받은 것은 사실이다. 그때 김미소 피디는 악기 연주 대신에 공연기획 같은 것을 해보면 어떨까 생각했다고 한다. 그리고 국악 공연 관람보다는 문화와 예술 관련 책이나 비평서를 좋아했는데, 그때 관심을 가진 것들이 민족음악연구회에서 나온 시리즈 책이나 이소영 선생님의 『나는 다르게 듣는다』, 윤중강 평론가의 공연 리뷰였다. 대학 입학 이후에도 음대 수업을 최소 학점만 듣고 다른 학과 수업을 많이 들었다고 한다. 다행히 이화여자대학교의 전공필수 과목은 다른 대학에 비해 아주 적었다. 덕분에 교양 수업도 많이 듣고 광고홍보학을 부전공으로 듣기도 했다. 이화여대는 교내 전과가 어렵지 않아서 경영학과나 광고홍보학과로 전과를 심각하게 고민하던 중에 친구들이 우리도 한번 푸리나 공명처럼 창작 국악 단체를 만들어 보자고 제안을 했다. 재미있겠다는 생각으로 '국악그룹 엔'을 대학 2학년 때, 그러니까 2004년에 결성했다.

김미소 피디는 그때 '엔'에서 기획자로 활동한 것이 지금 독립 프로듀서로 활동하는 데 가장 큰 영향을 미쳤다고 한다. 공연 제작이 분업화가 제대로 되지 않았을 시절에 기획자는 팀 활동 전체를 앞에서 진두지휘해야 했다. 아무것도 없는 상태에서 처음에는 동아리 수준으로 출발했지만 점차 전문 창작그룹으로 성장시키기 위해 연습실을 구하고 문화재단에 지원서를 제출하고 음반을 내고 단독 공연을 해야 하는 상황은 온전히 젊은 기획자의 몫이었다. 누가 가르쳐 주지 않았지만, 스스로 이렇게 저렇게 해봐야겠다고 동분서주한 것이 나중에 독립 프로듀서로 활동하는 데 큰 경험이 된 것이다. 대학 재학 때 기획자로 일하는 것이 쉽지 않았을 터이고, 특히 국악의 장에 환멸 같은 것이 있던 상태에서 '옌'과 같은 새로운 국악 창작그룹의 기획자로 나선다는 것은 국악 전공자로서 자신의 활동 정체성에 큰 혼란이 있지 않았을까 짐작해 본다. 그런데 정작 본인은 자신이 국악의 장에 있다고 생각한 적이 없는데, 주변 사람이 그렇게 생각하지 않은 것이 신기했다고 한다.

"한 번도 '내가 국악을 하고 있다'라고 생각해 본 적이 없었던 것 같아요. 옌이라는 팀을 하면서도 반국악, 반전통, 일렉트로닉 국악을 만들고, 어반사운드를 추구하는 라운지 음악을 만들고 싶었습니다. 다행히 월드뮤직이나 재즈나 인디 신 등 다양한 음악 장르를 넘나들 수 있는 기회가 주어졌어요. 그래서 내가 전통음악을 하고 있다고는 생각하지 않았는데, 막상 '옌' 기획 활동을 그만두고, 후에 플랫폼창동61에서 퇴사하고 나오니까, 주변 분들이 나에게 '전통을 베이스로 활동하고 전통을 전문으로 하는 프로듀서'라고 이름을 부여해 주셨습니다. 그래서 요사이에는 '아, 내가 그렇구나'라고 생각하고 있습니다. 국악 자체를 거부하고 부정하기보다는 고정 불변의 국악이라는 어떤 완고한 틀을 강요받는 것에 대한 저항이라고 볼 수 있겠습니다. 규정된 전통 밖에서 어떻게 넘나들 수 있을까를 국악그룹 옌을 하면서 계속 고

***

국악 창작그룹 옌 콘서트.

민해 왔고 지금도 그런 연장선상에서 하는 작업들이 좀 있어요. 오히려 지금쯤 오니까, 내가 조금 더 독립적이고 대안적인 전통을 하려고 그동안 달려왔는데, 이것과는 전혀 다르게 클래식한 전통, 오리지널한 영역들도 잘 알아야겠다는 생각을 하게 됩니다."

새로운 세대가 생각하는 전통, 그리고 국악 프로듀싱의 세계

김미소 피디는 국악의 정체성, 혹은 진정성의 문제를 사고하는 방식이 국악의 외부, 그 경계 밖을 상상하는, 일종의 불가능성의 가능성을 탐구하려는 역설적 위치에 있다. 국악이라는 울타리 안에 있으면서 김미소 피디는 계속해서 그 밖을 사유하기 위해 문제적 질문을 던졌다고 한다. 국악 내부에 어떤 문제가 있음을 발견할 때, 왜 이런 문제를 해결하지 않을까 하는 고민을 지속적으로 하면서 그에 침묵하거나 무관심하면 현실에 타협하는 것이라고 생각했다. 그런데 본인이 문제라고 보는 것이 다른 사람에게는 문제가 아닐 수 있다고 생각하면, 이 문제는 전적으로 자신의 문제로 받아들일 수밖에 없는 상황에 이른다. 그러면 문제 해결을 위해 본인이 직접 무엇인가를 해야 한다고 스스로 요구받는다. 김미소 피디는 "내가 아니면 이런 거는 안 할 수도 있겠구나. 누군가한테 안 보일 수도 있겠구나" 하는 지점이 생기면서 "그럼 내가 해야지" 하는 차원에서 했던 일도 많았다고 한다. 그러한 생각 덕분에 국악이라는 장의 외부에서 안을 바라볼 때 그 사태 혹은 상황을 잘 이해할 수 있었다. 전통의 울타리 안에만 있었으면 "이게 이런 거구나" 하는 안이한 생각에 빠져 있을 텐데 자꾸 바깥으로 나가서 외부에서 내부를 들여다보는 일이 많아지다 보니 오히려 국악의 경계를 확장하고 싶은 욕망이 생겨나는 것이다.

창작국악이나 대안적인 국악의 장을 고민하는 새로운 세대의 상상력에 부응한다고 볼 수 있다. 이는 기존에 국악을 새롭게 사유하려 했던 세대, 즉 그들 역시 국악의 대안을 모색하고자 많은 고민과 실험을 감행했던 2000년대 이전 학번 세대들과 다른 감수성을 가진 것이다. 새롭게 부상한 상상력은 다시 지배적인 장이 되고, 그 지배적인 장은 새로운 상상력에 의해 도전받는다. 적어도 김미소 피디의 위치는 새로운 국악의 장에서 대안을 마련하기 위해 도전하는 세대에 속한다. 그녀도 언젠가는 도전을 받는 세대가 되긴 하겠지만 말이다. 도전하는 세대로서 김미소 피디가 국악과 전통을 어떻게 생각하는지 더 궁금해졌다.

"이미 세대도 많이 바뀌었고 사실 저는 원형으로서 전통은 잘 몰라요. 그런 것에 관심이 많아서 공연을 찾아다니거나 그쪽 네트워킹이 있는 것도 전혀 아니기 때문에 제가 체험한 국악이란 창작의 영역에서의 국악으로 한정할 수밖에 없습니다. 그렇게 봤을 때는 많은 것이 조금 달라지고 변화한 지점이 있는데 그걸 관찰하고 어떻게 달라졌는지, 앞으로 더 나아갈 수 있을 것인지, 또 어떠어떠한 것들이 지금 펼쳐지고 있는지를 더 고민하게 됩니다. 그러다 보니까 이 다양한 음악을 전통이라는 말 하나에 가둬 두는 순간 다 똑같아질 수 있다는 우려가 생깁니다. 이미 우리 음악 안에 다양성이 생겨서 다양한 개체들이 펼쳐져 있는데 그것을 전통의 울타리로 묶어 두는 순간 '이게 전통인가?' 하는 질문을 하게 되고, '이 질서에 맞다 아니다' 하는 자기검열이 끊임없이 생겨날 수밖에 없습니다. 이제는 다양한 음악을 뭉뚱그려 '이게 다 전통이야!'라고 하는 생각에서 벗어나는 시기가 되지 않았나 싶습니다."

젊은 세대가 선배에게 항상 비판받는 것은 국악의 본질, 전통의 원형에 대한 몰이해이다. '너희는 전통의 원형을 이해하지 못한다거나 국악의 본질을 보든다'는 힐난 말이다. 세대 차이에도 불구하고 우리 음악에의 본능적 갈망이나 원형에의 회귀적 욕망 같은 것이 있지 않을까 하는 질문에 김미소 피디는 그런 갈망보다는 좋은 음악, 청취자로서 음악을 들을 때, 감동적인 음악에의 욕망 같은 것들이 간혹 산조 음악을 들을 때 불현 듯 일어난다. 꼭 우리 음악의 원형이어서도 아니지만, 그렇다고 그 원형의 본맛을 완전히 부정할 수 없는 순간이 가끔 생겨난다. 그래서 가끔 전통음악의 미학적 원리를 공부하고 싶고, 우리 안의 감성적 DNA가 정말 있는 건지, 어떤 음악적 문법이 있는 건지 궁금해서 연구하고 싶은 마음도 있다. 이러한 생각이 국악이나 전통의 묘한 매력이라고 생각하는 것 같다. 그래서 단도직입적으로 그 세대가 바라보는 국악과 전통은 도대체 어떻게 정의될 수 있는지 다시 물어보았다.

"정말 어려운 질문입니다. 저는 그냥 한국이라는 땅에서 시대를 흘러서 내려온 것이 전통음악이라고 생각해요. 그게 어떤 특정 시대만도 아니고. 전통이라는 것은 내가 그 시대를 살아보지 않았기 때문에 진짜 변화하지 않는, 그 이전의 이전부터 내려오던 전통인지 아닌지는 모르는 건데, 한국 땅에서 한국인이 향유하며 내려온 것 정도가 전통이 아닐까. 그렇기 때문에 우리가 지금 하는 것도 또 언젠가는 전통이 될 수도 있지 않은가 하는 생각을 가지고 있습니다."

그렇다면 젊은 기획자이자 프로듀서인 그녀는 기획을 무엇이라고 생각할까? 그리고 청년 예술가의 현실은 어떠하다고 생각할까? 그녀가 보기에 국악 분야는 너무 과잉 지원되고 있다. 문제는 지원의 규모와 양이 아니라 분배와 균형이다. 국악과 전통예술에 쏟아지는 지원들이 청년 예술가에게 지금보다 많이 돌아갔으면 하는 바람이다. 그리고 국악의 테두리를 정해 놓고 그 안에서 경쟁하여 지원자로 선정되는 것이 아니라 경계에 서 있는 것을 지원함으로써, 아티스트들이 스스로 국악의 고정된 틀과 경계를 넘어서도록 하는 것이 필요하다. 국악을 전공하고 졸업해서 새로운 창작 단체를 만들고 연주자의 길을 걸어갈 때, 지금보다는 좀 더 폭넓게 작업할 수 있도록 지원체계로 유도하는 것이 필요하다. 국악의 경계 안에 있는 아티스트들이 다른 장르 음악도 좀 많이 듣고, 다른 장르 친구들과도 많이 만나고, 또 선배도 후배에게 관심을 가지며 어떤 네트워크를 지속적으로 해나가고, 밖에서 안을 보고 다시 안에서 밖을 보는 일들이 지원체계 개선으로 이루어지면 좋겠다는 것이 김미소 피디의 입장이다. 그렇다면 지원체계 개선으로 국악의 고정된 경계를 무너뜨리고 영역을 확장하는 일은 아티스트보다 기획자의 역할이 더 중요하지 않나 하는 생각이 들었다. 국악과 전통예술에서 기획의 필요성, 기획자의 역할이 무엇인지 질문했다.

"기획자로서 저는 생태계를 풍부하게 만들도록 매개하는 것이 기획자의 역할이라고 생각합니다. 아까도 얘기했던 것처럼 전통이라고 뭉뚱그려서 고전의 양식을 만들고 계속 재연하는 어떤 '류'의 공연도 필요하지만, 다른 한편으로는 전통이라고 규정한 것을 계속 흔들어 주는 다양한 시도도 필요하다고 생각합니다. 그 접점의 다양성을 마련하는 것이 기획자의 역할이라고 봅니다. 그리고 어떤 친구들이 너무 그 울타리 안에 안주하면서 울타리 안만 보려고 할 때, 울타리 밖으로 끄집어내 주는 것도 기획자의 역할이라고 생각해요. 그래서 국악계에서 제가 생각하는 기획자로서 산다는 것은 쉬운 일이 아닙니다. 사실 국악 안에 기획자들이 없는 것은 아닙니다. 그러나 대부분 기획자들은 예술 단체나 창작 단체 만들고, 지원서 쓰고, 방송에 나가고 하는 아주 루틴한 일에 익숙해져 있습니다. 말하자면 특정 창작 단체나 회사의 붙박이로 있는 기획자 말이죠. 그런 점에서 독립 기획자, 독립 프로듀서는 정말 손꼽을 정도입니다. 조금 더 독립적인 프로듀서가 많이 나와서 다양한 작업, 다양한 사람과 만나면 더 많은 것이 풍부해지지 않을까 생각합니다."

기획의 주체와 대상을 고민하는 문제의식은 자연스럽게 청년 세대의 관심 주제로 수렴되는 경우가 많다. 말하자면 이런 고민을 지금 젊은 기획자 세대만 한 것은 아니지만, 국악과 전통예술의 장의 논리에서 뭔가 새로운 것을 제안하고 요구하는 흐름은 지금의 젊은 세대, 즉 부상하는 청년세대의 의제일 수 있는 것이다. 더욱이 청년 예술인의 현실은 과거에 비해 그다지 나아졌다고 보기 어려운 상황이다 보니 새로운 기획자 세대가 자연스럽게 청년 예술인을 향할 수밖에 없다. 김미소 피디에게 본인도 청년 예술가라고 생각하는지 물었다. 서른아홉까지 청년이라고 생각한다니, 아직까지는 그렇다는 대답이다. 사실 삼포세대, 오포세대 담론이 회자되고, 청년 예술가의 안타까운 죽음 소식이 전해지면서 최근 청년 예술가 지원이 적지 않게 이루어지고 있다. 2016년 서울시가 만든 서울예술인플랜에도 청년 예술인 지원정책이 별도로 나와 있다. 서울문화재단도 청년 예술가를 위해 매년 70억 가까이 지원하고 있다. 그럼에도 여전히 청년 예술가 지원이 부족하다고 느끼는 이유는 무엇일까?

가장 큰 이유는 창작과 생활의 불안함 때문이다. 청년 예술가는 아직 자신의 예술적 역량을 충분하게 선보이지 못하는 환경이기 때문에 예술적 미래를 생각할 때 고민이 많다. 좌충우돌하기도 하고 열정에 비해 성과가 뒷받침하지 못하는 경우도 많다. 무엇이든 새롭게 할 수 있는 나이지만 미래가 보장되는 것도 아니고 오히려 모험보다는 안정적인 활동을 선호한다. 창작 기회를 많지 갖지 못하면서 정작 할 일 없이 바쁜 게 청년 예술가이다. 다른 한편, 생활도 안정적이지 못하다. 가정 형편이 좋아 집에서 생활비를 지원받는 경우가 없는 것은 아니지만, 대부분 청년 예술가들은 생활고에 시달린다. 생계를 위해 창작 활동 이외의 돈벌이에 종사하다 보면, 정작 창작 시간을 충분하게 갖지 못한다. 생계는 해결될지 모르겠지만 창작 시간이 절대적으로 부족하다. 김미소 피디는 그래도 좋은 지인과 선배를 만나 다른 일을 하지 않고 독립 프로듀서의 일로 생활을 유지할 수 있다고 한다. 청년 예술가는 어떤 일을 새롭게 만들어서 그걸로 돈도 벌 수 있을까 하는 생각으로 위축되기보다는 오히려 새로운 일에 자꾸 부딪혀 보는 경험이 필요하다. 김미소 피디는 그 과정에서 청년 예술가 혹은 기획자에게 중요한 것은 네트워크라고 말한다.

"생존의 어떤 압박감이 있어도 저한테는 어쨌든 네트워크가 있고, 이렇게 해서 이런 프로젝트를 누군가와 만들어 볼 수 있겠다, 이런 것이 있기 때문에 조금은 어떤 자신감으로, 의도치 않게 프리랜서를 하고 있는 다른 친구보다는 상대적으로 기회요인이 많이 작용했던 것 같습니다. 그렇게 되기 위해 그래도 제가 주도적으로 뭔가 했고 또 시기적절하게 좋은 선배님을 많이 만나서 좋은 일을 할 수 있었던 것 같아요. 어쨌든 젊은 독립 프로듀서가 기반을 마련하려면, 무엇보다 선배 그룹에서 후배를 길러 내고자 하는 부분도 있어야 해요. 독립 기획자들의 연대나 네트워크도 중요합니다. 힘들 때 고립되지 않고, 고민을 나누고 토론하고, 그런 동력으로 새로운 무언가를 만들 수 있는, 그런 길이 필요하다고 요즘 생각하고 있어요."

도전하는 삶:
'첩첩산중'에서 'DMZ 뮤직페스티벌'까지

김미소 피디는 국악의 경계에서, 국악을 넘어서 다양하게 활동하고 있다. 대표적으로 평창동계올림픽의 문화예술 프로그램 중 하나였던 '첩첩산중×평창'의 프로듀서 역할과 'DMZ 피스트레인 뮤직페스티벌'의 사무국장, 안숙선 명창의 이야기 창극 〈두 사랑〉의 프로듀서 역할을 담당했다. 특히 첩첩산중 프로젝트와 'DMZ 피스트레인 뮤직페스티벌'은 본인이 주도적으로 기획하고 운영에 참여한 프로젝트이다.

◉ **첩첩산중 프로젝트**

첩첩산중 프로젝트는 지구 위에 존재하는 수많은 산과 자연을 배경으로 다양한 아티스트가 서로 어우러져 작품을 만들어 나가는 릴레이 다원예술 프로젝트이다.

평창문화올림픽의 공모 사업으로 진행된 '첩첩산중×평창'은 공모에 선정된 16개국 음악, 무용, 시각예술 장르 20인의 아티스트와 6명의 프로듀서 그룹이 평창 감자꽃스튜디오에서 30일간 거주하며 개별 창작과 공동 창작을 진행하는 국제 레지던시 프로그램이었다. 레지던시의 최종 결과로 2017년 10월 22일 국립극장 달오름극장에서는 음악, 무용 분야의 참여 아티스트가 평창에서 30일 동안 창작한 개별 작업과 공동 작업을 한데 모아 선보이는 콜렉티브 퍼포먼스 '딥 인 더 마운틴스(Deep in the Mountains)'가 개최되었다. 또한 2017년 10월 20일부터 11월 5일에는 복합문화예술공간 행화탕에서 시각예술 분야 참여 아티스트의 전시 '몽타주는 심장박동이다(Montage is a Heartbeat)'가 개최되었다. www.deepinthemountains.org

'첩첩산중×평창'은 김미소 피디의 친구가 제안하여 시작된 국제 다원예술 레지던시 프로젝트이다. 평창동계올림픽의 문화행사 프로젝트여서 나름 의미도 있고 예산도 적지 않았지만, 이 프로젝트만큼은 젊은 기획자들이 연합해서 뭔가 해보자는 의기투합이 있었다. 젊은 기획자들이 조직 구성이나 운영 체계를 주도적으로 진행하면 더 아름답지 않겠나 하는 생각이 참여한 프로듀서 사이에서 공감대를 형성했다. 국내외 작가들의 참여 조건에 스물다섯 살부터 서른아홉 살까지로 나이를 규정했기 때문에 비슷한 연령대가 참여하여 호흡이 잘 맞을 것이라 예상했다고 한다.

단순 해프닝으로 끝나지 않고 완성도 있는 레지던시를 만들기 위해 결과 발표 공연과 전시까지 기획했다. 단기간에 결과물을 발표해야 하는 특성상 과도한 긴장과 스트레스가 있었지만, 단기간에 함께 목적을 갖고 창작하면서 탄탄한 관계가 구축되었다. 이때 만들어진 각각의 음악과 퍼포먼스는 각국에서 공연되었으며, 레지던시로 형성된 창작자들의 관계는 여전히 유효하다. '첩첩산중×평창'은 시즌2를 맞이하여 국내 작가 5인의 레지던시가 진행 중이며, '첩첩산중 ABROAD' 프로젝트로 최근 뉴욕 레지던시 리서치를 다녀오는 등 사후 작업을 진행 중이다.

첩첩산중
평창 프로젝트.

■ **DMZ 피스트레인 뮤직페스티벌**

2019년 2회를 맞이한 DMZ 피스트레인 뮤직페스티벌은 전 세계에서 유일한 분단국가인 한국의 강원도 철원과 서울에서 5일간 펼쳐지는 국제 음악 페스티벌이다. 음악으로 동시대 평화를 탐색하고 발견하는 것을 목표로, 1년에 단 5일 동안 피스트레인에서만큼은 "음악으로 정치, 경제, 이념을 초월하고 자유와 평화를 경험하자"라는 취지로 만들어졌다.

국제 컨퍼런스, 쇼케이스, 피스트레인 라이브, 노동당사, 월정리역, 소이산 등 DMZ 일원에서 콘서트와 퍼포먼스가 펼쳐진다. 2019년에는 '서로에게 선을 긋기 전에 함께 춤을 추자(Dancing for a Borderless World)'라는 슬로건을 내걸고, 12개국 40여 팀의 아티스트와 1만 5천 명의 관객이 함께했다. 이 페스티벌은 살아가며 무관심하고 무감각하게 누리는 것을 문화라는 창으로 재발견하고 자유, 평화, 인권, 관용 등의 가치가 미래세대에 지속되기를 바라는 마음이 담겼다.

www.dmzpeacetrain.com

김미소 피디가 독립 프로듀서로 활동하는 데 가장 큰 전환점은 'DMZ 피스트레인 뮤직페스티벌'이 아니었을까 싶다. 일단 그동안 관여한 프로젝트 중에서 규모가 압도적으로 큰 데다, 한국 음악 페스티벌 역사에 매우 중요한 문화 정치적 메시지를 담고 있기 때문이다. 이런 페스티벌의 사무국장과 총감독을 역임하고 페스티벌 운영을 담당하는 재단 상임이사까지 되었으니 말이다. 피스트레인은 2017년 가을 '잔다리페스타'에 내한한 영국 글래스톤베리 페스티벌 메인부커 마틴 엘본(Martin Elbourne)이 DMZ 답사 후 세계 유일의 분단국가에서 평화를 노래하는 페스티벌을 만들어 보자고 제안한 것에서 시작되었다. 이후 페스티벌 개최를 위해 조직위원회가 구성되었고, 필자인 내가 마틴 엘본과 함께 피스트레인 뮤직페스티벌의 공동 조직위원장을 맡아서 두 번의 페스티벌을 성공적으로 이끌었다. 김미소 피디는 피스트레인 뮤직페스티벌의 공윤영 예술감독의 제안으로 피스트레인에 합류하였고, 누구보다 열정적으로 페스티벌의 성공을 위해 일했다.

김미소 피디는 페스티벌 제안 초기 단계에는 이 일을 그다지 대수롭게 생각하지 않았다. 통상 아웃도어 페스티벌은 고려해야 할 것이 너무 많기 때문에 아이디어가 있어도 실제 성사되는 기획은 극히 드물기 때문이다. 페스티벌 기획 초기만 해도 북한의 핵실험과 도발이 계속 있었고 북·미 관계의 긴장이 최고조에 다다랐던 상황이었다. 그러나 천운이 따랐는지, 일이 급속하게 진행되면서 강원도와 서울시의 재정 지원 결정도 빨랐다. 급하게 사무국이 꾸려졌고 본격적으로 페스티벌 준비 작업에 착

수했다. 기자 간담회 이후 3개월 사이 평창동계올림픽을 계기로 평화 무드 조성, 남·북 정상회담, 북·미 정상회담이 극적으로 이루어졌고, 그 흐름을 타고 제1회 'DMZ 피스트레인 뮤직 페스티벌'이 개최되었다. 김미소 피디는 1회 페스티벌에서는 사무국장으로 기획, 운영, 홍보, 마케팅, 대외협력 부문을 총괄했다. 1회를 마무리하고 페스티벌의 안정적 조직화를 위해 재단을 설립하고 운영 인력을 확대하여 조직을 체계화하였는데, 김미소 피디는 이 과정에서 재단 상임이사와 페스티벌 총감독이라는 중책을 맡았다. 막중한 책임감으로 일하는 그녀에게 본인 역할에 어떤 변화가 있었는지 물어보았다.

"첫해는 사무국장으로 페스티벌 실무를 기획하고 운영했다면, 지금은 페스티벌 운영 시스템을 기획하고 조직 운영에 시간을 할애합니다. 전년도에는 워낙 급하게 진행된 터라 실무만 쳐내기도 시간이 빠듯했습니다. 피스트레인은 공공지원을 받지만 민간에서 진행되는 페스티벌이며, 이제 막 2회를 마친 페스티벌이기 때문에 페스티벌의 정체성을 구축하고 지속가능한 페스티벌 개최를 위한 안정화가 최우선입니다. 총감독을 맡으면서 '피스트레인'만의 고유성이 무엇일지, 비전과 전략이 무엇일지, 어떻게 효과적인 업무 시스템을 구축할 수 있을지, 함께하는 사무국 팀원의 상근 전환은 가능한 것일지, 페스티벌 외에 수익은 무엇으로 창출할 수 있을지, 하는 것들을 고민하고 하나씩 해결

DMZ 피스트레인 뮤직페스티벌.

하고 있습니다. 대외 협력 관련 업무도 많이 늘어났습니다. 공동 수최 기관과의 소통과 협력, 공공지원 외 추가 후원, 협찬 유치 등의 업무를 진행하는 비중이 높아졌습니다."

고정적인 조직에서 활동하다 보면 자칫 독립 프로듀서로서의 정체성에 혼란이 오는 것은 아닌지 궁금했다. 고정된 일을 하더라도 독립 프로듀서로서의 자기 정체성과 위상이 여전히 유효하다면 어떤 점에서 그럴까? 김미소 피디는 독립 프로듀서로서의 자기 정체성과 위치에는 변함이 없다고 말한다. 국내 페스티벌 중, 민간 주도로 진행되는 공공 페스티벌은 극히 일부에 불과하다. 공공에 속해 있거나 공공재원이 투입되는 페스티벌은 관에서 직접 진행하거나 정치와 이권에 휘둘리는 경우가 많은데, 민간 페스티벌은 재원의 불안정성 때문에 늘 존폐의 위협과 압박을 받는다. 김미소 피디는 이러한 어려운 조건 속에서 페스티벌의 지속가능한 발전을 위해 '조직과 감투'라는 우산을 쓸 수밖에 없었다. 그래도 한 해가 힘든 건 마찬가지이다. 사단법인 피스트레인이라는 울타리가 생겼지만 피스트레인 뮤직페스티벌의 사업 기간은 연중 8개월로, 4개월은 조직이 자생해야 하는 구조이다. 수많은 페스티벌 사례를 보면, 조직적 차원에서의 '생존'을 고민하며 '독립적' 활동을 해야 하는 것은 개인일 때와 별반 다르지 않다. 오히려 혼자가 아니라 여러 명의 '생존'을 함께 고민해야 하니 책임감이 더 막중해졌다.

"피스트레인 전체 컨셉트와 전략을 디자인하고 그에 부합하는 콘텐츠와 프로그램을 개발하는 부분은 팀과 함께하고 있습니다. 조직 내 예술감독과 콘텐츠팀이 있지만 새로운 프로젝트 개발, 새로운 창작자 그룹(뮤지션, 작가, 연출, 디자이너, 포토그래퍼, 영상디자이너)을 발굴하고 소통하는 일은 여전히 유효합니다. 평소 애정하는 독립 프로듀서 선배는 '익숙하면 후져진다'고 말씀하시더라고요. 익숙해지지 않기 위해, 관성적으로 무언가 하는 것을 경계하며 조직적인 차원에서의 '독립'과 '생존'을 고민하고 있습니다."

신선한 프로젝트 〈두 사랑〉

김미소 피디가 2019년에 진행한 프로젝트 중에 안숙선 명창의 이야기 창극 〈두 사랑〉의 프로듀서를 맡은 것도 빼놓을 수 없는 일이다. 그녀에서 'DMZ 피스트레인 뮤직페스티벌'이 일종의 올림픽이나 전국체전처럼 종합 선물세트 같은 것이라면, 〈두 사랑〉은 단일 종목 경기 같은 것이다. 그래서 전자에 관여할 때는 주로 기획과 운영에 신경을 많이 썼다면, 후자 때는 기획 단계에서 무대에 올리는 것까지 작품 전체 프로덕션 과정을 지휘했다.

김미소 피디에게 〈두 사랑〉은 여러모로 신선한 프로젝트였다. 국악을 했지만, 늘 탈국악의 질서 속에 살고자 했기 때문에 직접 '안숙선' 명창과 같은 정말 선생님 중에서도 '선생님'과 작업하는 경험은 처음이었기 때문이다. 〈두 사랑〉의 경우, 기획-제작-연출이 구분된, 좀 덩치가 있는 프로덕션이었다. 대개 기획자나 프로듀서를 '매개자'라고 하는데, 그녀는 〈두 사랑〉을 계기로 '매개자'라는 역할을 많이 생각하게 되었다. 그동안 주로 작품을 직접 창작하는 데 깊이 관여하는 프로듀서 스타일이었는데, 〈두 사랑〉은 기획, 제작, 운영, 연출 분야가 분업화된 프로덕션이어서 전체 프로젝트를 관찰하고 조율하는 '매개'의 역할에 충실했던 것이 기존 프로듀서 역할과는 다른 점이었다. 사실 전통 창극을 주로 하신 안숙선 선생 역시 이러한 새로운 제작 방식을 낯설어했고, 연출을 맡은 임영욱 선생도 대가와 작업하는 과정에서 어려움이 많았다. 김미소 피디는 〈두 사랑〉을 작업하며, 한 작업 안에 성립되는 많은 관계 속에서 서로의 입장과 방식을 잘 관찰하고 조율하는 것. 함께하는 사람을 챙기고 독려하며 프로덕션 전체의 '에너지'를 관리하는 것도 프로듀서의 중요한 역할이자 역량이라는 점을 많이 느꼈다. 평소 탈국악 마인드가 강했던 김미소 피디가 이번 작품을 프로듀싱하면서 어떤 점을 배웠는지 질문했다.

"〈두 사랑〉은 의지가 확실했던 프로덕션이었습니다. 지원금을 받고 시도에서 끝나는 프로덕션과는 차이가 있었습니다. 안숙선 선생님과 제작자의 아이디어와 자발적이고 확실한 의지

***

안숙선의 이야기 창극 〈두 사랑〉.

◉ 이야기 창극 〈두 사랑〉

〈두 사랑〉은 명창 안숙선 무대인생 62주년을 기념하여 만든 이야기 창극으로 2019년 4월 5일(금)에서 7일(일)까지 세종문화회관 S씨어터에서 공연되었다. 본 공연은 현대차 정몽구재단이 주최하고 한국예술종합학교 산학협력단이 주관하는 '예술세상 마을 프로젝트' 사업의 하나로 제작되었다. 데뷔 60주년을 맞아 모노드라마를 해보고 싶다는 안숙선 선생의 바람에서 시작된 이야기 창극 〈두 사랑〉은 1년에 걸쳐 진행된 안숙선 선생과의 구술 인터뷰를 바탕으로 이동연(한국예술종합학교 전통예술원 교수)이 제작총괄과 극본을, 〈필경사 바틀비〉, 〈오셀로〉 등을 선보인 창작집단 희비쌍곡선의 임영욱이 각색과 연출을 맡았다.

이야기 창극 〈두 사랑〉은 명창 안숙선이 자신의 삶과 예술에 깊은 영향을 끼친 두 스승, 만정(晩汀) 김소희와 향사(香史) 박귀희에게 받은 깊은 사랑을 이야기한다. 어린 시절 남원에서 처음 전통 음악을 접했던 때로 거슬러 올라가 안숙선이 우리 음악을 처음 시작했던 시절, 서울로 올라와 만정과 향사의 가르침을 받으며 워커힐과 국립창극단에서 활약하던 시절, 변함없는 애정과 진심 어린 당부를 남기며 두 스승이 세상을 떠난 이야기, 이제는 전통 보존과 창작뿐 아니라 누군가의 스승이 되어 전통예술교육에 힘쓰는 현재 이야기까지를 다룬다.

안숙선 선생은 이야기 창극 〈두 사랑〉에서 담담하면서도 재치 있는 독백으로 관객에게 이야기를 전개하며, 장면에 맞는 판소리는 물론, 가야금병창, 소고춤 등 다채로운 무대를 연출했다. 만정 김소희, 향사 박귀희를 비롯하여 〈두 사랑〉에 등장하는 여러 인물은 배우 고수희가, 어린 숙선역에는 뮤지컬 마틸다에서 마틸다로 활약한 이지나가, 그 외 젊은 소리꾼 권송희가 다양한 소리와 노래로 함께했다.

에서 시작된 프로덕션으로 목적이 확실했던 프로젝트이고 그에 따른 조사-기획-실행의 프로세스와 체계적인 분업, 향후 레퍼토리가 가능한 작품으로의 개발 등이 긍정적인 부분이었습니다. 모노드라마로 '이야기 창극' 형식의 토대를 만든 작품이죠. 안숙선 선생님께서도 낯선 작업들을 수용하고 적극적으로 여러 시도를 하고 끊임없이 고치고 살피는 것을 보면서 큰 감동을 받았습니다. 이 프로덕션에는 70대 안숙선 선생님과 지금 초등학교 5학년인 이지나 양까지 여러 세대가 함께했습니다. 또한 국악, 연극, 뮤지컬 등 장르 환경이 다른 사람들이 함께했습니다. 어색하고 낯설어도 서로가 서로를 진심으로 들여다보고 호흡을 맞추어 나가는 일, 그 작업이 즐거운 '활기'로 가득할 수 있다면 그것만큼 행복한 일도 없을 거 같아요. 다음에 다시 작업한다면, 그런 분위기를 조성하기 위해 먼저 안부를 묻고 함께 밥을 먹으며 서로의 일상과 작품을 이야기하는 시간을 많이 보내고 싶습니다."

일의 산더미, 그러나 당당하게: 여성 독립 프로듀서의 길

독립 프로듀서는 자율적으로 일하지만, 그만큼 자신이 해결해야 할 일이 많아서 시간의 안배가 중요하다. 어떤 점에서 공공기관에서 일하는 것보다 더 많은 일을 혼자 해야 한다. 그러다 보니 하루 종일 이것저것 하느라 바쁠 수밖에 없는 게 독립 프로듀서의 일상이다. 김미소 피디도 그런 점에서 아주 많은 일을 하고 있고 여전히 공사다망하다. 인터뷰 말미에 그녀는 아무리 바빠도 또래와 만나 전통예술에 관해 다양하게 의견을 나누고 아카이빙하는 일은 꼭 하고 싶다고 했다. 새로운 세대가 나누는 전통예술의 현재와 미래에 관한 담론을 기록하고, 그 과정에서 후배의 고민도 들어주는 멘토 역할에 관심이 많다. 그래서 박근혜 정부 블랙리스트 사태 이후 문화예술계의 변화와 성희롱, 성폭력에 맞서는 미투운동 이후 국악계 상황과 지원체계 문제를 함께 고민하는 〈국악, 안녕하신가요〉라는 공론화 자리도 만들었다. 이러한 개인적 관심사는 독립 프로듀서가 우리 문화예술의 장에 어떤 역할을 하는지에 새로운 시각을 던져 준다. 독립 프로듀서는 단지 공연예술의 창작과 제작 일만을 하지 않고, 자율적인 위치에서 다양한 일에 개입할 수 있어야 한다. 프로듀싱 영역도 기획에서 창작으로, 창작에서 유통으로 확대하고 담론과 정책을 아우르는 역량을 겸비해야 한다. 그래서 독립 프로듀서의 정의와 정체성, 그리고 한국 현실을 다시 물어보지 않을 수 없었다.

김미소 피디는 "독립 프로듀서는 스스로 기획하고 스스로 책임지는 기획자"라고 말했다. "전형적인 틀에서 조금 벗어나서 다른 시선에서 틀을 새롭게 짜는, 다른 시선과 다른 틀을 새롭게 자꾸 짜는 것이 독립 기획자의 역할이라고 생각한다"고 했다. 단지 시간과 공간을 자율적으로 활용하는 것을 넘어서 다른 시선과 시각, 다른 틀을 짜는 것이 독립 프로듀서로서의 역할인 것이다. 그런데 뭔가 물리적인 결과물을 만들어 내야 하는 프로듀서 역할을 제대로 수행하려면 제도와 재원이 뒷받침되어야 한다. 아쉽게도 독립 프로듀서들은 이 두 가지를 갖지 못하는 경우가 많다. 그래서 독립 프로듀서들은 제도와 재원과 맞서 싸워야 하고 적절한 수준과 상황에 맞게 개입과 타협을 해야 한다. "순수예술이나 비영리 활동을 할 때, 국가 제도와 재원 없이 할 수 있는 것은 극히 제한적입니다. '우리는 독립해서 생존할 수 있어!'라는 것도, 그렇게 되면 좋겠지만 사실은 굉장히 현실과 동떨어진 이야기라고 생각합니다. 어떤 공적재원을 오히려 민간 목소리를 빌어서 새롭게 디자인하는 역할이 바로 독립 프로듀서의 역할이 아닌가 합니다." 김미소 피디의 답변에 일견 수긍이 간다. 인터뷰 말미에 한국에서 독립 프로듀서란 누구이고, 그(녀)는 어떤 환경에 놓여 있는가라는 확인 질문에 그녀는 이렇게 대답했다.

> "과거에 유행했던 말 중에 '디지털 노마드'가 있어요. 한 장소에 머무르지 않고 자유롭게 흘러 다니며 일을 하는 경향을 말하죠. 이러한 경향이 최근 공연예술계에 하나의 트렌드가 되는 것 같습니다. 이런 트렌드와 기류가 도래했을 때, 문화예술계의 독립 기획자들이 어떤 새로운 직업 형태로 정립되면 좋겠습니다. 실질적으로 이제는 더 이상 늦출 수 없는 시기가 된 것 같아요. 프로듀서라고 하면 방송국 피디로만 알았던 시절은 지난 것 같습니다. 다양한 분야에서 프로듀서라는 말이 사용되고 있어요. 공연예술 쪽에서도 프로듀서 개념이 생기면서, 이렇게 활동하는 사람을 독립 프로듀서라고 부르기 시작한 지가 몇 년 안 된 추세거든요. 이런 추세도 필요에 의해 생겨난 것이고, 또 이렇게 일하는 사람이 많아졌다는 의미가 아닐까 싶어요. 그래서 새로운 형태로 일하고 싶은 기획자에게는 직업적 대안으로 무언가를 정립하기에 좋은 시점이 아닐까 생각합니다."

이러한 현실적 요구에도 불구하고 한국에서 독립 프로듀서는 여전히 쉽지 않은 길을 걸어가고 있다. 우선 이들의 지위를 인정하고 파트너로 생각해야 할 공공기관의 인식이 여전히 부족하고, 보람은 있지만 활동에 비해 받는 경제적 대우는 충분하지 않다. 자율적 권리는 있지만 사회적으로 권리가 보장받는 환경은 아직 요원해 보인다. 특히 미래가 걱정되는 불안정한 지위와 생계의 불안함 등은 독립 프로듀서가 나이를 먹으면서 드는 자연스런 고민거리이다. 30대 중반인 김미소 피디 역시 이러한 고민에서 자유롭지 못하다. 일을 조절하기가 쉽지 않고 일의 지속도 예측하기 어렵다. 장래를 위해서는 동시에 일을 많이 해서 돈을 비축해야 하는데, 그러다 보면, 일에서 헤어나지 못하고 몸과 마음이 소진되어 삶을 비관하는 감정이 찾아오기도 한다. 몇 년을 제외하고는 20대 때부터 독립 프로듀서로서 일해 온 터라 김미소 피디는 이 문제에 생각과 고민이 많다.

"20대에는 진짜 막막했어요. 대학 졸업하고 스물여덟 살까지 3-4년을 그냥 놀았고 용돈을 받았으니 돈을 벌었던 경험이 없었죠. 대다수 예술대학을 나온 친구들, 직장생활이나 단체생활을 하지 않는 어떤 친구들한테는 아주 당연한 일이죠. 아는 분 중에 기획자인데도 일이 없어서 몇 개월 동안 카페나 펍에 나가서 일하는 분도 아직까지 있어요. 저도 또 모르죠. 지금은 일이 많지만 어느 순간 진짜 몇 개월 공백이 생기면 어떡하지 하는 생각도 해요. 프리랜서로 나서니까 일도 두 배 이상 더 하는 것 같아요. 주말에도 쉰 적이 기억이 안 나네요. (웃음) 일이 차지하는 비중이 너무 과할 정도로 일이 많은 상황이라 밸런스를 어떻게 조정할 수 있을까 고민되죠. 일이 많을 때는 누가 보면 진짜 돈 많이 버는 줄 알지만, 실제로는 전혀 아닌, 통장에 백만 원도 없는, (웃음) 그런 게 현실이기도 하니까."

'플랫폼창동61'에서 퇴사한 이후 1년 넘게 아주 많은 일을 했지만, 김미소 피디는 제대로 된 명함 하나 파지 않고 활동했다. 많은 사람과 만나 다양한 일을 할 때, 자신을 피디로 소개하면 대부분 그 직업과 지위가 무엇인지 모르거나 궁금해한다. 금전적인 것뿐 아니라 정서적인 대우도 기관에 속하지 않다 보니, 상대적으로 불편한 감정을 느낄 때도 있다. 더욱이 여성 프로듀서로서의 젠더적 불편함과 불이익을 늘 인지해야 하는 상황도 정서상 편하지는 않다. 그래서 마지막으로 여성 프로듀서로서 어려움이 없는지를 물어보았다.

"주변에 10년 터울의 선배님을 보면 어디 기관에 들어가 있거나 본인이 회사를 직접 차려서 활동하시는데, 회사 하나를 운영하는 일이 얼마나 어려운지 옆에서 많이 지켜봤습니다. 쉬지 않고 일밖에 하지 않았던 제도권 밖의 40대 미혼여성을 보면 뭔가 아련한 게 느껴집니다. 제도권 안으로 들어간 40대 미혼 여성들은 나름 높은 직책에 올라가 골드미스라는 위치에 있을 수도 있지만, 독립적인 영역으로 내려오면 그런 직급도 보장이 안 되어 있고 힘만 드는 경우가 많습니다. 개인 회사를 하긴 하는데 회사 생존도 늘 빠듯하고, 저게 회사인지 그냥 독립 프리랜서인지 잘 모를 정도로 영세한 경우가 대부분입니다. 앞으로 미혼여성으로 40대를 맞았을 때 어딘가에 속해 있지 않으면 어떻게 스스로 책임지고 살아야 할까, 요즘 조금씩 고민하고 있습니다. 어쨌든 이제 여성이 조직 안에서든 밖에서든 적극적으로 자기 목소리를 내는 것이 중요하다고 생각합니다. 특히 지금 문화예술계 안에 벌어지는 '미투'를 보면 더더욱 그렇습니다. 요즘 생각이 아주 많습니다(웃음)."

첫 번째 인터뷰를 하고 나서 얼마 후 김미소 피디는 앞서 설명했듯이 'DMZ 피스트레인 뮤직페스티벌'의 총감독과 사단법인 피스트레인의 상임이사가 되었다. 그곳은 그녀에게 어떤 점에서 안정적인 일자리이자 수익 활동의 장이기도 하다. 여성 독립 프로듀서로서 짧은 기간에 성장하는 모습을 보여 주었고, 인터뷰에서 했던 고민이 자연스럽게 해결된 것도 있고, 미완의 과제로 남아 있는 것도 있다. 지금 그 역할과 자리가 김미소 피디가 정말 열망했던 것일지는 잘 모르겠지만, 적어도 30대 중반 여성 독립 프로듀서로서 그녀의 위상과 역할은 미래 후배들에게 거울 같은, 혹은 대안적 삶의 긍정적인 파노라마 같은 것일 수 있다. 독립적 활동은 사실 미래를 위한 '자기 내기'는 아

RED BOX

Cafe The MUZZZ
1ST ANNIVERSARY
15

닐 것이다. 오로지 지금 이 순간에 충실한 삶의 양식일 것이다. 독립적 활동은 미래를 위한 자원일 수도 있고, 미래를 염두에 두지 않는 아주 순수한 의식에서 나온 것일 수 있다. 공사다망한 김미소 프로듀서의 삶은 그 선택으로 충분히 가치 있고, 미래는 그래서 즐거운 거다. 10년 후에 자신의 모습이 어떨지를 상상하는 질문에 그녀가 답한 것을 남기면서 이 글을 마친다.

"어렸을 때부터 앞을 내다보면서 '난 뭘 하고 싶다', 이러진 않았어요. 요즘 보면, 한때 '체인지 메이커'라는 이야기가 많이 나왔는데, 그게 벤처에서 스타트업으로 넘어오고 이제 단순히 IT산업 말고 사회 여러 분야에 적용이 되기 시작했어요. 사회를 혁신하거나 통합하는 데 기여할 수 있는 어떤 사람들을 체인지 메이커라고 하죠. 또래 친구들과 많이 이야기를 했는데 저 역시 문화예술계의 체인지 메이커 정도? (웃음) 또 기금모금전문가(펀드레이저) 이야기도 많이 했었어요. 공공의 재원을 받을 수 없는 상황이라면 공공재원을 어떤 식으로 민간과 협업하면 새롭게 디자인할 수 있을까? 민간은 기본적으로 스폰서십을 어떻게 끌어낼 수 있을까? 그런 일들을 해보고 싶어요."

에필로그

이 책에 참여한 7명은 우리 사회에 존재하는 마이너리티 아티스트의 전형을 대표하지는 않는다. 그렇지만 이 7명의 예술가를 통해 마이너리티 아티스트의 다양한 모습이 그려지도록 연령, 성별, 장르, 활동 영역들을 고려했다. 백정미는 작곡을 하는 청년 예술가로서 자신의 전공을 뛰어넘어 예술의 사회적 의미를 드러낼 수 있는 현장 퍼포먼스를 중요하게 여기는 아티스트이다. 가야금 연주자 정민아는 국악계에서는 드물게 인디음악계에서 자신의 입지를 각인시키면서 전방위로 활동하고 있다. 조각가 나규환은 파견예술가로서 오랫동안 사회적 재난 현장에서 동료 작가들과 예술행동을 벌이고 있다. 그의 창작공간은 작업실이나 미술관보다는 재난 현장이 훨씬 자연스럽다. 만화가 이동수도 오랫동안 만화계에 있으면서 파업과 재난 현장을 꾸준하게 지키는 몇 안 되는 만화가이다. 성소수자로 커밍아웃한 임근준은 성소수자로서 정체성을 의식적으로 드러내지 않으면서도 자신의 예술적 활동을 자연스럽게 이어 가고 있다. 다큐멘터리 감독 김일란은 성소수자만 아니라 우리 사회 곳곳에서 억압받는 소수자들을 위한 영상제작에 힘을 기울이고 있고, 문화기획자 김미소는 현장에서 버티기 쉽지 않은 독립기획자로서의 삶을 이제 본격적으로 시작하고 있다. 7명의 마이너리티 아티스트는 독립예술, 청년, 예술행동, 성정체성, 비주류 다큐멘터리, 독립 문화기획 등 통상 사회적 소수자 영역에 속하는 사람이기도 하면서, 사회적 약자로서 소수자의 의미를 넘어 새로운 활동 영역을 생성하는 주체적인 마이너리티 예술가로서의 면모를 보여 준다.

인터뷰를 진행하면서 공통적으로 느낀 점은 이들은 활동과 생활 조건이 비록 열악하더라도 자신의 일에 대단한 자부심을 갖고 즐겁게 일하고 있다는 점이다. 비록 그들이 주류 예술계에서 주목받지 못하고, 그럴듯한 미술관이나 전시회, 영화관에서 많은 관객을 모아 놓고 예술가로서 대접받지 못해도 그들은 크게 개의치 않고 자신의 활동에 긍정적 가치를 부여하려고 한다. 대부분 그들에게는 전시관 대신 현장이 있고, 관객 대신 사회적 약자가 있다. 처음부터 고려한 것은 아니지만, 인터뷰에 참여한 작가들은 모두 사회적 재난 현장에서 활동하거나 관심을 가지고 활동하는 사람들이다. 물론 임근준은 다른 작가와 다르게 재난 현장보다는 미술계 안에서 활동하고, 어떤 점에서는 대표적인 대안 미술계의 장에서 활동하는 사람이지만, 그의 성소수자적 정체성만으로도 재난의 지위를 얻을 수 있고, 이성애 중심의 재난적 현실을 극복하려는 의지를 읽을 수 있다. 김미소는 공연기획 현장에서 경험하는 여성 독립 프로듀서의 어려운 삶의 과정을 인터뷰에서 말해 주었다.

이 책 인터뷰에 참여하지 않은 아티스트들이 지금도 사회적 재난 현장에서 활동하고 있다. 그들은 대부분 재난 상황에 처한 한국 사회와 그 재난 현장을 야기하고 그 안에서 아무것도 하지 않는 정치 권력에 크게 분노한다. 그들에게 돌아오는 것은 존경과 감사보다는 무관심과 블랙리스트 명단이다. 때로 성폭력의 피해자가 되기도 했다.

마이너리티 아티스트들은 예술복지와 예술행동에 대해 각자 자신의 생각을 자유롭게 개진했지만, 대체로 예술복지보다 예술행동에 더 큰 의미를 부여한다. 생계가 넉넉하지 못한 마이너리티 아티스트로서 어떤 점에서는 예술복지에 더 많은 관심을 가질 법하다. 하지만 그들은 대부분 예술복지 정책이 예술가를 길들이려는 국가정책이라 생각하고, 복지 지원의 진정성을 신뢰하지 않았다. 설령 예술복지가 필요하다 해도 삶과 생계의 문제는 예술가 자신의 문제이며 예술행동보다 중요할 수 없다는 입장이다. 인터뷰에 응한 이들 예술가들은 예술복지와 예술행동 중에 더 중요한 것을 질문할 때, 모두 예술행동을 선택했다.

이들에게 예술행동은 이제 활동의 중요한 장이 되었다. 또한 그만큼 예술행동이 필요한 사회적 재난 현장이 많아졌다는 것이 마이너리티 아티스트에게는 숙명처럼 느껴진다.

인터뷰를 마치면서 마이너리티 아티스트란 누구일까, 다시 생각하게 되었다. 처음에 이 기획에 참여했을 때는 예술가의 삶이 매우 다양하므로 그동안 우리가 주목하지 않았던 예술가의 삶과 창작 이면들을 살펴보는 것이 중요한 집필의 동기였다. 특히 내 주변에 졸업을 해도 직장을 잡기 어렵고 창작 활동의 기회도 많이 얻지 못하는 청년 예술가들, 생활환경이 넉넉하지 않은 가난한 예술가들, 남이 알아주지 않지만 자신이 하고 싶은 일을 묵묵하게 해내는 예술가들을 조명하는 자리를 마련해 보겠다는 생각이 강했다.

물론 지금도 그러한 생각에는 변함이 없다. 그러나 인터뷰를 진행하다 보니 이들의 삶이 우리가 곁에서 지켜보는 것보다 훨씬 괜찮다는 결론에 이르렀다. 이들에게서 삶과 예술의 궁핍한 면을 발견할 수 없었다. 비록 넉넉하지 않은 조건이지만 당당하고, 자신의 일에 즐거운 마음을 항상 갖고 있는 듯했다. 자신을 비주류 예술가로 규정하기보다는 새롭게 다른 삶을 사는 예술가, 같은 생각을 하고 함께 현장에서 참여하는 동료가 있어 행복한 공동체의 삶을 살고 있는 예술가로 생각한다. 만화가 이동수의 말대로 삶의 가치, 예술 활동의 의미, 예술가로서의 존재 이유 등을 생각해 보면, 오히려 이들이 예술과 세상의 주류일 수도 있다. 마이너리티 아티스트는 자신의 삶과 예술을 스스로 결정하고 항상 자신과 함께 뜻을 같이하는 사람과 연대하는 소수집단의 예술가이다.

“

인터뷰를 진행하다 보니 이들의 삶이
우리가 곁에서 지켜보는 것보다 훨씬 괜찮다는 결론에 이르렀다.
이들에게서 삶과 예술의 궁핍한 면을 발견할 수 없었다.
비록 넉넉하지 않은 조건이지만 당당하고,
자신의 일에 즐거운 마음을 항상 갖고 있는 듯했다.
자신을 비주류 예술가로 규정하기보다는
새롭게 다른 삶을 사는 예술가,
같은 생각을 하고 함께 현장에서 참여하는 동료가 있어
행복한 공동체의 삶을 살고 있는 예술가로 생각한다.
만화가 이동수의 말대로 삶의 가치, 예술 활동의 의미,
예술가로서의 존재 이유 등을 생각해 보면,
오히려 이들이 예술과 세상의 주류일 수도 있다.

”

마이너리티 리포트 * 05

예술과 삶 — 마이너리티 아티스트 7인 이야기

지은이 이동연

초판 1쇄 인쇄 2020년 2월 21일
초판 1쇄 발행 2020년 2월 28일

펴낸이 서왕진
펴낸곳 서울연구원
편집 전말숙, 송도숙
디자인 박진범
인쇄 · 제본 민언프린텍
업무협조 이원영

주소 서울시 서초구 남부순환로 340길 57
전화 02-2149-1234
팩스 02-2149-1019
홈페이지 www.si.re.kr

ISBN 979-11-5700-466-9 04300 (세트)979-11-5700-211-5

이 도서의 국립중앙도서관 출판예정도서목록(CIP)은 서지정보유통지원시스템 홈페이지(http://seoji.nl.go.kr)와 국가자료종합목록 구축시스템(http://kolis-net.nl.go.kr)에서 이용하실 수 있습니다.(CIP제어번호: CIP2020006489)